आकाशदीप

तथा अन्य कहानियाँ

आकाशदीप
तथा अन्य कहानियाँ

जयशंकर प्रसाद

किताबवाला
दिल्ली - ११०००६

आकाशदीप तथा अन्य कहानियाँ
ISBN - 978-81-933354-0-6

प्रथम संस्करण : 2018, 2023

प्रकाशक : **किताबवाला**

2356, हडसन लाईन,
गुरू तेग बहादुर नगर,
नई दिल्ली – 110009
ई–मेल : kitabwallah@gmail.com
फोन: 9811179864

लेज़र टाईपसैटिंग : सान्या कम्प्यूटर्स, दिल्ली

मुद्रक : बालाजी ऑफसेट, दिल्ली

विषय सूची

आकाशदीप

1

“बंदी!”

“क्या है? सोने दो।”

“मुक्त होना चाहते हो?”

“अभी नहीं, निद्रा खुलने पर, चुप रहो।”

“फिर अवसर न मिलेगा।”

“बड़ा शीत है, कहीं से एक कंबल डालकर कोई शीत से मुक्त करता।”

“आँधी की संभावना है। यही अवसर है। आज मेरे बंधन शिथिल हैं।”

“तो क्या तुम भी बंदी हो?”

“हाँ, धीरे बोलो, इस नाव पर केवल दस नाविक और प्रहरी हैं।”

“शस्त्र मिलेगा?”

“मिल जाएगा। पोत से संबद्ध रज्जु काट सकोगे?”

“हाँ।”

समुद्र में हिलोरें उठने लगीं। दोनों बंदी आपस में टकराने लगे। पहले बंदी ने अपने को स्वतंत्र कर लिया। दूसरे का बंधन खोलने का प्रयत्न करने लगा। लहरों के धक्के एक-दूसरे को स्पर्श से पुलकित कर रहे थे। मुक्ति की आशा–स्नेह का असंभावित आलिंगन। दोनों ही अंधकार में मुक्त हो गये। दूसरे बंदी ने हर्षातिरेक से उसको गले से लगा लिया। सहसा उस बंदी ने कहा–“यह क्या? तुम स्त्री हो?”

“क्या स्त्री होना कोई पाप है?”–अपने को अलग करते हुए स्त्री ने कहा।

“शस्त्र कहाँ है–तुम्हारा नाम?”

''चंपा।''

तारक-खचित नील अंबर और समुद्र के अवकाश में पवन ऊधम मचा रहा था। अंधकार से मिलकर पवन दुष्ट हो रहा था। समुद्र में आंदोलन था। नौका लहरों में विकल थी। स्त्री सतर्कता से लुढ़कने लगी। एक मतवाले नाविक के शरीर से टकराती हुई सावधानी से उसका कृपाण निकालकर, फिर लुढ़कते हुए, बंदी के समीप पहुँच गई। सहसा पोत से पथ-प्रदर्शक ने चिल्लाकर कहा–''आँधी!''

आपत्ति-सूचक तूर्य बजने लगा। सब सावधान होने लगे। बंदी युवक उसी तरह पड़ा रहा। किसी ने रस्सी पकड़ी, कोई पाल खोल रहा था। पर युवक बंदी ढुलककर उस रज्जु के पास पहुँचा, जो पोत से संलग्न थी। तारे ढँक गये। तरंगें उद्वेलित हुईं, समुद्र गरजने लगा। भीषण आँधी पिशाचिनी के समान नाव को अपने हाथों में लेकर कंदुक-क्रीड़ा और अट्टहास करने लगी।

एक झटके के साथ ही नाव स्वतंत्र थी। उस संकट में भी दोनों बंदी खिलखिलाकर हँस पड़े। आँधी के हाहाकार में उसे कोई न सुन सका।

2

अनंत जलनिधि में उषा का मधुर आलोक फूट उठा। सुनहली किरणों और लहरों की कोमल सृष्टि मुस्कराने लगी। सागर शांत था। नाविकों ने देखा, पोत का पता नहीं। बंदी मुक्त हैं।

नायक ने कहा–''बुधगुप्त! तुमको मुक्त किसने किया?''

कृपाण दिखाकर बुधगुप्त ने कहा–''इसने।''

नायक ने कहा–''तो तुम्हें फिर बंदी बनाऊँगा।''

''किसके लिए? पोताध्यक्ष मणिभद्र अतल जल में होगा–नायक! अब इस नौका का स्वामी मैं हूँ।''

''तुम? जलदस्यु बुधगुप्त? कदापि नहीं।'' चौंककर नायक ने कहा और अपना कृपाण टटोलने लगा! चंपा ने इसके पहले उस पर अधिकार कर लिया था। वह क्रोध से उछल पड़ा।

''तो तुम द्वंद्वयुद्ध के लिए प्रस्तुत हो जाओ; जो विजयी होगा, वही स्वामी

होगा।''–इतना कहकर बुधगुप्त ने कृपाण देने का संकेत किया। चंपा ने कृपाण नायक के हाथ में दे दिया।

भीषण घात-प्रतिघात आरंभ हुआ। दोनों कुशल, दोनों त्वरित गति वाले थे। बड़ी निपुणता से बुधगुप्त ने अपना कृपाण दाँतों से पकड़कर अपने दोनों हाथ स्वतंत्र कर लिए। चंपा भय और विस्मय से देखने लगी। नाविक प्रसन्न हो गये। परन्तु बुधगुप्त ने लाघव से नायक का कृपाण वाला हाथ पकड़ लिया और विकट हुंकार से दूसरा हाथ कटि में डाल, उसे गिरा दिया। दूसरे ही क्षण प्रभात की किरणों में बुधगुप्त का विजयी कृपाण उसके हाथों में चमक उठा। नायक की कातर आँखें प्राण-भिक्षा माँगने लगीं।

बुधगुप्त ने कहा–''बोलो, अब स्वीकार है कि नहीं?''

''मैं अनुचर हूँ, वरुणदेव की शपथ। मैं विश्वासघात नहीं करूँगा।'' बुधगुप्त ने उसे छोड़ दिया।

चंपा ने युवक जलदस्यु के समीप आकर उसके क्षतों को अपनी स्निग्ध दृष्टि और कोमल करों से वेदना-विहीन कर दिया। बुधगुप्त के सुगठित शरीर पर रक्तबिंदु विजय-तिलक कर रहे थे।

विश्राम लेकर बुधगुप्त ने पूछा–''हम लोग कहाँ होंगे?''

''बालीद्वीप से बहुत दूर, सम्भवतः एक नवीन द्वीप के पास, जिसमें अभी हम लोगों का बहुत कम आना-जाना होता है। सिंहल के वणिकों का वहाँ प्राधान्य है।''

''कितने दिनों में हम लोग वहाँ पहुँचेंगे?''

अनुकूल पवन मिलने पर दो दिन में। तब तक के लिए खाद्य का अभाव न होगा।''

सहसा नायक ने नाविकों को डाँड़ लगाने की आज्ञा दी, और स्वयं पतवार पकड़कर बैठ गया। बुधगुप्त के पूछने पर उसने कहा–''यहाँ एक जलमग्न शैलखण्ड है। सावधान न रहने से नाव टकराने का भय है।''

3

''तुम्हें इन लोगों ने बंदी क्यों बनाया?''

''वणिक मणिभद्र की पाप-वासना ने।''

''तुम्हारा घर कहाँ है?''

''जाह्नवी के तट पर। चंपा-नगरी की एक क्षत्रिय बालिका हूँ। पिता इसी मणिभद्र के यहाँ प्रहरी का काम करते थे। माता का देहावसान हो जाने पर मैं भी पिता के साथ नाव पर ही रहने लगी। आठ बरस से समुद्र ही मेरा घर है। तुम्हारे आक्रमण के समय मेरे पिता ने ही सात दस्युओं को मारकर जल-समाधि ली। एक मास हुआ, मैं इस नील नभ के नीचे, नील जलनिधि के ऊपर, एक भनायक अनंतता में निस्सहाय हूँ—अनाथ हूँ। मणिभद्र ने मुझसे एक दिन घृणित प्रस्ताव किया। मैंने उसे गालियाँ सुनाईं। उसी दिन से बन्दी बना दी गई।''—चंपा रोष से जल रही थी।

''मैं भी ताम्रलिप्ति का एक क्षत्रिय हूँ, चंपा! परन्तु दुर्भाग्य से जलदस्यु बनकर जीवन बिताता हूँ। अब तुम क्या करोगी?''

''मैं अपने अदृष्ट को अनिर्दिष्ट ही रहने दूँगी। वह जहाँ ले जाय।''—चंपा की आँखें निस्सीम प्रदेश में निरुद्देश्य थीं। किसी आकांक्षा के लाल डोरे न थे। धवल अपांगों में बालकों के सदृश विश्वास था। हत्या-व्यवसायी दस्यु भी उसे देखकर काँप गया। उसके मन में एक संभ्रमपूर्ण श्रद्धा यौवन की पहली लहरों को जगाने लगी। समुद्र-वक्ष पर विलंबमयी राग-रंजित संध्या थिरकने लगी। चंपा के असंयत कुंतल उसकी पीठ पर बिखरे थे। दुर्दांत दस्यु ने देखा, अपनी महिमा में अलौकिक एक तरुण बालिका! वह विस्मय से अपने हृदय को टटोलने लगा। उसे एक नई वस्तु का पता चला। वह थी—कोमलता!

उसी समय नायक ने कहा—''हम लोग द्वीप के पास पहुँच गये।''

बेला से नाव टकराई। चंपा निर्भीकता से कूद पड़ी। माँझी भी उतरे। बुधगुप्त ने कहा—''जब इसका कोई नाम नहीं है, तो हम लोग इसे चंपा-द्वीप कहेंगे।''

चंपा हँस पड़ी।

4

पाँच बरस बाद...

शरद् के धवल नक्षत्र नील-गगन में झिलमिला रहे थे। चंद्र की उज्ज्वल विजय पर अंतरिक्ष में शरदलक्ष्मी ने आशीर्वाद के फूलों और खीलों को बिखेर दिया।

चंपा के एक उच्च सौध पर बैठी हुई तरुणी चंपा दीपक जला रही थी। बड़े यत्न से अभ्रक की मंजूषा में दीप धरकर उसने अपनी सुकुमार उँगलियों से डोरी खींची। वह दीपाधार ऊपर चढ़ने लगा। भोली-भोली आँखें उसे ऊपर चढ़ते बड़े हर्ष से देख रही थीं। डोरी धीरे-धीरे खींची गई। चंपा की कामना थी कि उसका आकाशदीप नक्षत्रों से हिलमिल जाय; किंतु वैसा होना असंभव था। उसने आशाभरी आँखें फिरा लीं।

सामने जल-राशि का रजत श्रृंगार था। वरुण बालिकाओं के लिए लहरों से हीरे और नीलम की क्रीड़ा शैल-मालायें बन रही थीं–और वे मायाविनी छलनाएँ–अपनी हँसी का कलनाद छोड़कर छिप जाती थीं। दूर-दूर से धीवरों का वंशी-झनकार उनके संगीत-सा मुखरित होता था। चंपा ने देखा कि तरल संकुल जल-राशि में उसके कंडील का प्रतिबिंब अस्तव्यस्त था! वह अपनी पूर्णता के लिए सैकड़ों चक्कर काटता था। वह अनमनी होकर उठ खड़ी हुई। किसी को पास न देखकर पुकारा–"जया!"

एक श्यामा युवती सामने आकर खड़ी हुई। वह जंगली थी। नील नभोमण्डल-से मुख में शुद्ध नक्षत्रों की पंक्ति के समान उसके दाँत हँसते ही रहते। वह चंपा को रानी कहती; बुधगुप्त की आज्ञा थी।

"महानाविक कब तक आवेंगे, बाहर पूछो तो।" चंपा ने कहा। जया चली गई।

दूरागत पवन चंपा के अंचल में विश्राम लेना चाहता था। उसके हृदय में गुदगुदी हो रही थी। आज न जाने क्यों वह बेसुध थी। एक दीर्घकाय दृढ़ पुरुष ने उसकी पीठ पर हाथ रख चमत्कृत कर दिया। उसने फिरकर कहा–"बुधगुप्त!"

"बावली हो क्या? यहाँ बैठी हुई अभी तक दीप जला रही हो, तुम्हें यह काम करना है?"

"क्षीरनिधिशायी अनंत की प्रसन्नता के लिए क्या दासियों से आकाशदीप जलवाऊँ?"

"हँसी आती है। तुम किसको दीप जलाकर पथ दिखलाना चाहती हो? उसको, जिसको तुमने भगवान् मान लिया है?"

"हाँ, वह भी कभी भटकते हैं, भूलते हैं; नहीं तो बुधगुप्त को इतना ऐश्वर्य क्यों देते?"

"तो बुरा क्या हुआ, इस द्वीप की अधीश्वरी चंपारानी!"

"मुझे इस बंदीगृह से मुक्त करो। अब तो बाली, जावा और सुमात्रा का वाणिज्य केवल तुम्हारे ही अधिकार में है महानाविक! परंतु मुझे उन दिनों की स्मृति सुहावनी लगती है, जब तुम्हारे पास एक ही नाव थी और चंपा के उपकूल में पण्य लादकर हम लोग सुखी जीवन बिताते थे—इस जल में अगणित बार हम लोगों की तरी आलोकमय प्रभात में तारिकाओं की मधुर ज्योति में—थिरकती थी। बुधगुप्त! उस विजन अनंत में जब माँझी सो जाते थे, दीपक बुझ जाते थे, हम-तुम परिश्रम से थककर पालों में शरीर लपेटकर एक-दूसरे का मुँह क्यों देखते थे? वह नक्षत्रों की मधुर छाया—"

"तो चंपा! अब उससे भी अच्छे ढंग से हम लोग विचर सकते हैं। तुम मेरी प्राणदात्री हो, मेरी सर्वस्व हो।"

"नहीं-नहीं, तुमने दस्युवृत्ति छोड़ दी परंतु हृदय वैसा ही अकरुण, सतृष्ण और ज्वलनशील है। तुम भगवान् के नाम पर हँसी उड़ाते हो। मेरे आकाशदीप पर व्यंग्य कर रहे हो। नाविक! उस प्रचंड आँधी में प्रकाश की एक-एक किरण के लिए हम लोग कितने व्याकुल थे। मुझे स्मरण है, जब मैं छोटी थी, मेरे पिता नौकरी पर समुद्र में जाते थे—मेरी माता, मिट्टी का दीपक बाँस की पिटारी में भागीरथी के तट पर बाँस के साथ ऊँचे टाँग देती थी। उस समय वह प्रार्थना करती—'भगवान्! मेरे पथ-भ्रष्ट नाविक को अंधकार में ठीक पथ पर ले चलना।' और जब मेरे पिता बरसों बाद लौटते तो कहते—'साध्वी! तेरी प्रार्थना से भगवान् ने संकटों में मेरी रक्षा की है।' वह गद्गद् हो जाती। मेरी माँ? आह नाविक! यह उसी की पुण्यस्मृति है। मेरे पिता, वीर पिता की मृत्यु के निष्ठुर कारण, जल-दस्यु! हट जाओ।"—सहसा चंपा का मुख क्रोध से भीषण होकर रंग बदलने लगा। महानाविक ने कभी यह रूप न देखा था। वह ठठाकर हँस पड़ा।

"यह क्या, चंपा? तुम अस्वस्थ हो जाओगी, सो रहो।"—कहता हुआ चला गया। चंपा मुट्ठी बाँधे उन्मादिनी-सी घूमती रही।

5

निर्जन समुद्र के उपकूल में वेला से टकराकर लहरें बिखर जाती थीं। पश्चिम का पथिक थक गया था। उसका मुख पीला पड़ गया। अपनी शांत गंभीर

हलचल में जलनिधि विचार में निमग्न था। वह जैसे प्रकाश की उन्मलिन किरणों से विरक्त था।

चंपा और जया धीरे-धीरे उस तट पर आकर खड़ी हो गईं। तरंग से उठते हुए पवन ने उनके वसन को अस्त-व्यस्त कर दिया। जया के संकेत से एक छोटी-सी नौका आई। दोनों के उस पर बैठते ही नाविक उतर गया। जया नाव खेने लगी। चंपा मुग्ध-सी समुद्र के उदास वातावरण में अपने को मिश्रित कर देना चाहती थी।

''इतना जल! इतनी शीतलता! हृदय की प्यास न बुझी। पी सकूँगी? नहीं! तो जैसे वेला में चोट खाकर सिंधु चिल्ला उठता है, उसी के समान रोदन करूँ? या जलते हुए स्वर्ण-गोलक सदृश अनंत जल में डूबकर बुझ जाऊँ?''–चंपा के देखते-देखते पीड़ा और ज्वलन से आरक्त बिंब धीरे-धीरे सिंधु में चौथाई–आधा, फिर संपूर्ण विलीन हो गया। एक दीर्घ निश्वास लेकर चंपा ने मुँह फेर लिया। देखा, तो महानाविक का बजरा उसके पास है। बुधगुप्त ने झुककर हाथ बढ़ाया। चंपा उसके सहारे बजरे पर चढ़ गई। दोनों पास-पास बैठ गये!

''इतनी छोटी नाव पर इधर घूमना ठीक नहीं। पास ही वह जलमग्न शैलखंड है। कहीं नाव टकरा जाती या ऊपर चढ़ जाती चंपा, तो?''

''अच्छा होता, बुधगुप्त! जल में बंदी होना कठोर प्राचीरों से तो अच्छा है।''

''आह चंपा, तुम कितनी निर्दय हो! बुधगुप्त को आज्ञा देकर देखो तो, वह क्या नहीं कर सकता। जो तुम्हारे लिए नये द्वीप की सृष्टि कर सकता है, नई प्रजा खोज सकता है, नये राज्य बना सकता है, उसकी परीक्षा लेकर देखो तो...। कहो, चंपा! वह कृपाण से अपना हृदय-पिंड निकाल अपने हाथों अतल जल में विसर्जन कर दे।''–महानाविक–जिसके नाम से बाली, जावा और चंपा का आकाश गूँजता था, पवन थर्राता था–घुटनों के बल चंपा के सामने छलछलाई आँखों से बैठा था।

सामने शैलमाला की चोटी पर हरियाली में विस्तृत जल-देश में, नील पिंगल संध्या, प्रकृति की सहृदय कल्पना, विश्राम की शीतल छाया, स्वप्नलोक का सृजन करने लगी। उस मोहिनी के रहस्यपूर्ण नीलजाल का कुहक स्फुट हो उठा। जैसे मदिरा से सारा अंतरिक्ष सिक्त हो गया। सृष्टि नील कमलों में भर उठी। उस

सौरभ से पागल चंपा ने बुधगुप्त के दोनों हाथ पकड़ लिए। वहाँ एक आलिंगन हुआ, जैसे क्षितिज में आकाश और सिंधु का। किन्तु उस परिरंभ में सहसा चैतन्य होकर चंपा ने अपनी कंचुकी से एक कृपाण निकाल लिया।

"बुधगुप्त! आज मैं अपने प्रतिशोध का कृपाण अतल जल में डुबा देती हूँ। हृदय ने छल किया, बार-बार धोखा दिया!"—चमक कर वह कृपाण समुद्र का हृदय बेधता हुआ विलीन हो गया।

"तो आज से मैं विश्वास करूँ, क्षमा कर दिया गया?"—आश्चर्य-कंपित कंठ से महानाविक ने पूछा।

"विश्वास? कदापि नहीं, बुधगुप्त! जब मैं अपने हृदय पर विश्वास नहीं कर सकी, उसी ने धोखा दिया, तब मैं कैसे कहूँ? मैं तुम्हें घृणा करती हूँ, फिर भी तुम्हारे लिए मर सकती हूँ। अंधेर है जलदस्यु। तुम्हें प्यार करती हूँ।"—चंपा रो पड़ी।

वह स्वप्नों की रंगीन संध्या, तम से अपनी आँखें बन्द करने लगी थी। दीर्घ निश्वास लेकर महानाविक ने कहा—"इस जीवन की पुण्यतम घड़ी की स्मृति में एक प्रकाश-गृह बनाऊँगा, चंपा! यहीं उस पहाड़ी पर। संभव है कि मेरे जीवन की धुँधली संध्या उससे आलोकपूर्ण हो जाय!"

6

चंपा के दूसरे भाग में एक मनोरम शैलमाला थी। वह बहुत दूर तक सिंधु-जल में निमग्न थी। सागर का चंचल जल उस पर उछलता हुआ उसे छिपाये था। आज उसी शैलमाला पर चंपा के आदि-निवासियों का समारोह था। उन सबों ने चंपा को वनदेवी-सा सजाया था। ताम्रलिप्ति के बहुत से सैनिक नाविकों की श्रेणी में वन-कुसुम-विभूषिता चंपा शिविकारूढ़ होकर जा रही थी।

शैल के एक ऊँचे शिखर पर चंपा के नाविकों को सावधान करने के लिए सुदृढ़ दीप-स्तंभ बनवाया गया था। आज उसी का महोत्सव है। बुधगुप्त स्तंभ के द्वार पर खड़ा था। शिविका से सहायता देकर चंपा को उसने उतारा। दोनों ने भीतर पदार्पण किया था कि बाँसुरी और ढोल बजने लगे। पंक्तियों में कुसुम-भूषण से सजी वन-बालाएँ फूल उछालती हुई नाचने लगीं।

दीप-स्तंभ की ऊपरी खिड़की से यह देखती हुई चंपा ने जया से पूछा—"यह क्या है जया? इतनी बालिकाएँ कहाँ से बटोर लाईं?"

"आज रानी का ब्याह है न?"—कहकर जया ने हँस दिया।

बुधगुप्त विस्तृत जलनिधि की ओर देख रहा था। उसे झकझोर कर चंपा ने पूछा—"क्या यह सच है?"

"यदि तुम्हारी इच्छा हो, तो यह सच भी हो सकता है, चंपा! कितने वर्षों से मैं ज्वालामुखी को अपनी छाती में दबाये हूँ।"

"चुप रहो, महानाविक! क्या मुझे निसहाय और कंगाल जानकर तुमने आज सब प्रतिशोध लेना चाहा?"

"मैं तुम्हारे पिता का घातक नहीं हूँ, चंपा! वह एक दूसरे दस्यु के शस्त्र से मरे!"

"यदि मैं इसका विश्वास कर सकती। बुधगुप्त, वह दिन कितना सुंदर होता, वह क्षण कितना स्पृहणीय! आह! तुम इस निष्ठुरता में भी कितने महान् होते!"

जया नीचे चली गई थी। स्तंभ के संकीर्ण प्रकोष्ठ में बुधगुप्त और चंपा एकांत में एक-दूसरे के सामने बैठे थे।

बुधगुप्त ने चंपा के पैर पकड़ लिए। उच्छ्वसित शब्दों में वह कहने लगा—"चंपा, हम लोग जन्मभूमि—भारतवर्ष से कितनी दूर इन निरीह प्राणियों में इंद्र और शची के समान पूजित हैं। पर न जाने कौन अभिशाप हम लोगों को अभी तक अलग किये है। स्मरण होता है वह दार्शनिकों का देश! वह महिमा की प्रतिमा ! मुझे वह स्मृति नित्य आकर्षित करती है; परंतु मैं क्यों नहीं जाता? जानती हो, इतना महत्त्व प्राप्त करने पर भी मैं कंगाल हूँ! मेरा पत्थर-सा हृदय एक दिन सहसा तुम्हारे स्पर्श से चंद्रकांतमणि की तरह द्रवित हुआ।

चंपा! मैं ईश्वर को नहीं मानता, मैं पाप को नहीं मानता, मैं दया को नहीं समझ सकता, मैं उस लोक में विश्वास नहीं करता। पर मुझे अपने हृदय के एक दुर्बल अंश पर श्रद्धा हो चली है। तुम न जाने कैसे एक बहकी हुई तारिका के समान मेरे शून्य में उदित हो गई हो। आलोक की एक कोमल रेखा इस निविड़तम में मुस्कराने लगी। पशु-बल और धन के उपासक के मन में किसी शांत और एकांत कामना की हँसी खिलखिलाने लगी; पर मैं न हँस सका।

चलोगी चंपा? पोतवाहिनी पर असंख्य धनराशि लादकर राजरानी-सी जन्मभूमि के अंक में? आज हमारा परिणय हो, कल ही हम लोग भारत के लिए प्रस्थान करें। महानाविक बुधगुप्त की आज्ञा सिंधु लहरें मानती हैं। वे स्वयं उस पोत-पुंज को दक्षिण पवन के समान भारत में पहुँचा देंगी। आह चंपा! चलो।''

चंपा ने उसके हाथ पकड़ लिए। किसी आकस्मिक झटके ने एक पलभर के लिए दोनों के अधरों को मिला दिया। सहसा चैतन्य होकर चंपा ने कहा—''बुधगुप्त! मेरे लिए सब भूमि मिट्टी है; सब जल तरल है; सब पवन शीतल है। कोई विशेष आकांक्षा हृदय में अग्नि के समान प्रज्ज्वलित नहीं। सब मिलाकर मेरे लिए एक शून्य है। प्रिय नाविक! तुम स्वदेश लौट जाओ, विभवों का सुख भोगने के लिए, और मुझे छोड़ दो इन निरीह भोले-भाले प्राणियों के दुःख की सहानुभूति और सेवा के लिए।''

''तब मैं अवश्य चला जाऊँगा; चंपा! यहाँ रहकर मैं अपने हृदय पर अधिकार रख सकूँ—इसमें सन्देह है। आह! इन लहरों में मेरा विनाश हो जाय।''—महानाविक के उच्छ्वास में विकलता थी। फिर उसने पूछा—''तुम अकेली यहाँ क्या करोगी?''

''पहले विचार था कि कभी-कभी इस दीप-स्तंभ पर से आलोक जलाकर अपने पिता की समाधि का इस जल से अन्वेषण करूँगी। किंतु देखती हूँ, मुझे भी इसी में जलना होगा, जैसे आकाशदीप।''

7

एक दिन स्वर्ण-रहस्य के प्रभात में चंपा ने अपने दीप-स्तंभ पर से देखा—सामुद्रिक नावों की एक श्रेणी चंपा का उपकूल छोड़कर पश्चिम उत्तर की ओर महा जल-व्याल के समान संतरण कर रही है। उसकी आँखों से आँसू बहने लगे।

यह कितनी ही शताब्दियों पहले की कथा है। चंपा आजीवन उस दीप-स्तंभ में आलोक जलाती रही। किंतु उसके बाद भी बहुत दिन, द्वीपनिवासी, उस माया-ममता और स्नेह-सेवा की देवी की समाधि सदृश पूजा करते थे।

एक दिन काल के कठोर हाथों ने उसे भी अपनी चंचलता से गिरा दिया।

•

ममता

1

रोहतास-दुर्ग के प्रकोष्ठ में बैठी हुई युवती ममता, शोण के तीक्ष्ण गंभीर प्रवाह को देख रही है। ममता विधवा थी। उसका यौवन शोण के समान ही उमड़ रहा था। मन में वेदना, मस्तक में आँधी, आँखों में पानी की बरसात लिए, वह सुख के कंटक-शयन में विकल थी। वह रोहतास-दुर्गपति के मंत्री चूड़ामणि की अकेली दुहिता थी, फिर उसके लिए कुछ अभाव होना असंभव था, परंतु वह विधवा थी–हिंदू-विधवा संसार में सबसे तुच्छ निराश्रय प्राणी है–तब उसकी विडंबना का कहाँ अंत था?

चूड़ामणि ने चुपचाप उसके प्रकोष्ठ में प्रवेश किया। शोण के प्रवाह में, उसके कल-नाद में अपना जीवन मिलाने में वह बेसुध थी। पिता का आना न जान सकी। चूड़ामणि व्यथित हो उठे। स्नेह-पालिता पुत्री के लिए क्या करें, यह स्थिर न कर सकते थे। लौटकर बाहर चले गये। ऐसा प्रायः होता, पर आज मंत्री के मन में बड़ी दुश्चिंता थी। पैर सीधे न पड़ते थे।

एक पहर बीत जाने पर वे फिर ममता के पास आये। उस समय उनके पीछे दस सेवक चाँदी के बड़े थालों में कुछ लिये हुए खड़े थे; कितने ही मनुष्यों के पदशब्द सुन ममता ने घूमकर देखा। मंत्री ने सब थालों को रखने का संकेत किया। अनुचर थाल रखकर चले गये।

ममता ने पूछा–"यह क्या है, पिताजी?"

"तेरे लिए बेटी! उपहार है।" कहकर चूड़ामणि ने उनका आवरण उलट दिया।

स्वर्ण का पीलापन उस सुनहरी संध्या में विकीर्ण होने लगा। ममता चौंक उठी–"इतना स्वर्ण! यह कहाँ से आया?"

"चुप रहो ममता, यह तुम्हारे लिए है!"

"तो क्या आपने म्लेच्छ का उत्कोच स्वीकार कर लिया? पिताजी यह अनर्थ है, अर्थ नहीं। लौटा दीजिए। पिताजी! हम लोग ब्राह्मण हैं, इतना सोना लेकर क्या करेंगे?"

"इस पतनोन्मुख प्राचीन सामंत-वंश का अंत समीप है, बेटी! किसी भी दिन शेरशाह रोहिताश्व पर अधिकार कर सकता है; उस दिन मंत्रित्व न रहेगा, तब के लिए बेटी!"

"हे भगवान्! तब के लिए! विपद के लिए इतना आयोजन! परमपिता की इच्छा के विरुद्ध इतना साहस! पिताजी, क्या भीख न मिलेगी? क्या कोई हिंदू भू-पृष्ठ पर न रह जाएगा, जो ब्राह्मण को दो मुट्ठी अन्न दे सके? यह असंभव है। फेर दीजिए पिताजी, मैं काँप रही हूँ, इसकी चमक आँखों को अंधा बना रही है।"

"मूर्ख है"–कहकर चूड़ामणि चले गये।

दूसरे दिन जब डोलियों का ताँता भीतर आ रहा था, ब्राह्मण मंत्री चूड़ामणि का हृदय धक्-धक् करने लगा। वह अपने को रोक न सका। उसने जाकर रोहिताश्व-दुर्ग के तोरण पर डोलियों का आवरण खुलवाना चाहा। पठानों ने कहा–

"यह महिलाओं का अपमान करना है।"

बात बढ़ गई। तलवारें खिंचीं, ब्राह्मण वहीं मारा गया और राजा-रानी और कोष सब छली शेरशाह के हाथ पड़े; निकल गई ममता। डोली में भरे हुए पठान सैनिक दुर्ग भर में फैल गये, पर ममता न मिली।

2

काशी के उत्तर धर्मचक्र विहार, मौर्य और गुप्त सम्राटों की कीर्ति का खँडहर था। भग्न चूड़ा, तृण-गुल्मों से ढँके हुए प्राचीर, ईंटों के ढेर में बिखरी हुई भारतीय शिल्प की विभूति, ग्रीष्म की चंद्रिका में अपने को शीतल कर रही थी।

जहाँ पंचवर्गीय भिक्षु गौतम का उपदेश ग्रहण करने के लिए पहले मिले थे, उसी स्तूप के भग्नावशेष की मलिन छाया में एक झोंपड़ी के दीपालोक में

एक स्त्री पाठ कर रही थी—"अनन्याश्चिन्तयन्तो मां ये जनाः पर्युपासते..."

पाठ रुक गया। एक भीषण और हताश आकृति दीप के मंद प्रकाश में सामने खड़ी थी। स्त्री उठी, उसने कपाट बंद करना चाहा। परंतु उस व्यक्ति ने कहा—"माता! मुझे आश्रय चाहिए।"

"तुम कौन हो?"—स्त्री ने पूछा।

"मैं मुगल हूँ। चौसा-युद्ध में शेरशाह से विपन्न होकर रक्षा चाहता हूँ। इस रात अब आगे चलने में असमर्थ हूँ।"

"क्या शेरशाह से?" स्त्री ने अपने ओठ काट लिये।

"हाँ, माता!"

"परंतु तुम भी वैसे ही क्रूर हो, वही भीषण रक्त की प्यास, वही निष्ठुर प्रतिबिंब तुम्हारे मुख पर भी है! सैनिक! मेरी कुटी में स्थान नहीं। जाओ, कहीं दूसरा आश्रय खोज लो!"

"गला सूख रहा है, साथी छूट गये हैं, अश्व गिर पड़ा है—इतना थका हुआ हूँ—इतना!"—कहते-कहते वह व्यक्ति धम्म् से बैठ गया और उसके सामने ब्रह्माण्ड घूमने लगा। स्त्री ने सोचा, यह विपत्ति कहाँ से आई! उसने जल दिया, मुगल के प्राणों की रक्षा हुई। वह सोचने लगी—'ये सब विधर्मी दया के पात्र नहीं—मेरे पिता का वध करने वाले आततायी!' घृणा से उसका मन विरक्त हो गया।

स्वस्थ होकर मुगल ने कहा—"माता! तो फिर मैं चला जाऊँ?"

स्त्री विचार कर रही थी—'मैं ब्राह्मणी हूँ, मुझे तो अपने धर्म—अतिथिदेव की उपासना—का पालन करना चाहिए। परंतु यहाँ...नहीं-नहीं, ये सब विधर्मी दया के पात्र नहीं। परंतु यह दया तो नहीं...कर्त्तव्य करना है। तब?'

मुगल अपनी तलवार टेककर उठ खड़ा हुआ। ममता ने कहा—"क्या आश्चर्य है कि तुम भी छल न करो; ठहरो।"

"छल! नहीं, तब नहीं—स्त्री! जाता हूँ, तैमूर का वंशधर स्त्री से छल करेगा? जाता हूँ। भाग्य का खेल है।"

ममता ने मन में कहा—'यहाँ कौन दुर्ग है! यही झोंपड़ी न; जो चाहे लेले, मुझे तो अपना कर्त्तव्य करना पड़ेगा।' वह बाहर चली आयी और मुगल से बोली—"जाओ भीतर, थके हुए पथिक! तुम चाहे कोई हो, मैं तुम्हें आश्रय देती

हूँ। मैं ब्राह्मण-कुमारी हूँ; सब अपना धर्म छोड़ दें, तो क्या मैं भी छोड़ दूँ?" मुगल ने चन्द्रमा के मंद प्रकाश में वह महिमामय मुखमंडल देखा, उसने मन-ही-मन नमस्कार किया। ममता पास की टूटी हुई दीवारों में चली गई। भीतर, थके पथिक् ने झोंपड़ी में विश्राम किया।

प्रभात में खँडहर की संधि से ममता ने देखा, सैकड़ों अश्वारोही उस प्रांत में घूम रहे हैं। वह अपनी मूर्खता पर अपने को कोसने लगी।

अब उस झोंपड़ी से निकलकर उस पथिक् ने कहा—"मिरजा! मैं यहाँ हूँ।"

शब्द सुनते ही प्रसन्नता की चीत्कार-ध्वनि से वह प्रांत गूँज उठा। ममता अधिक भयभीत हुई। पथिक ने कहा—"वह स्त्री कहाँ है? उसे खोज निकालो।" ममता छिपने के लिए अधिक सचेष्ट हुई। वह मृग-दाव में चली गयी। दिनभर उसमें से न निकली। संध्या में जब उन लोगों के जाने का उपक्रम हुआ, तो ममता ने सुना, पथिक् घोड़े पर सवार होते हुए कह रहा है—"मिरजा! उस स्त्री को मैं कुछ दे न सका। उसका घर बनवा देना, क्योंकि मैंने विपत्ति में यहाँ विश्राम पाया था। यह स्थान भूलना मत।"—इसके बाद वे चले गये।

चौसा के मुगल-पठान-युद्ध को बहुत दिन बीत गये। ममता अब सत्तर वर्ष की वृद्धा है। वह अपनी झोंपड़ी में एक दिन पड़ी थी। शीतकाल का प्रभात था। उसका जीर्ण-कंकाल खाँसी से गूँज रहा था। ममता की सेवा के लिए गाँव की दो-तीन स्त्रियाँ उसे घेरकर बैठी थीं? क्योंकि वह आजीवन सबके सुख-दुःख की समभागिनी रही।

ममता ने जल पीना चाहा, एक स्त्री ने सीपी से जल पिलाया। सहसा एक अश्वारोही उसी झोंपड़ी के द्वार पर दिखाई पड़ा। वह अपनी धुन में कहने लगा—"मिरजा ने जो चित्र बनाकर दिया है, वह तो इसी जगह का होना चाहिए। वह बुढ़िया मर गई होगी, अब किससे पूछूँ कि एक दिन शहंशाह हुमायूँ किस छप्पर के नीचे बैठे थे? यह घटना भी तो सैंतालीस वर्ष से ऊपर की हुई!"

ममता ने अपने विकल कानों से सुना। उसने पास की स्त्री से कहा—"उसे बुलाओ।"

अश्वारोही पास आया। ममता ने रुक-रुककर कहा—"मैं नहीं जानती कि वह शहंशाह था या साधारण मुगल, पर एक दिन इसी झोंपड़ी के नीचे वह रहा। मैंने सुना था कि वह मेरा घर बनवाने की आज्ञा दे चुका था! भगवान् ने सुन

लिया, मैं आज इसे छोड़े जाती हूँ। अब तुम इसका मकान बनाओ या महल, मैं अपने चिर-विश्राम-गृह में जाती हूँ!"

वह अश्वारोही अवाक् खड़ा था। बुढ़िया के प्राण-पक्षी अनंत में उड़ गये।

वहाँ एक अष्टकोण मंदिर बना; और उस पर शिलालेख लगाया गया—

'सातों देश के नरेश हुमायूँ ने एक दिन यहाँ विश्राम किया था। उनके पुत्र अकबर ने उनकी स्मृति में यह गगनचुंबी मंदिर बनाया।'

पर उसमें ममता का कहीं नाम नहीं।

•

स्वर्ग के खँडहर में

1

वन्य-कुसुमों की झालरें सुख-शीतल पवन से विकंपित होकर चारों ओर झूल रही थीं। छोटे-छोटे झरनों की कुल्याएँ कतराती हुई बह रही थीं। लता-वितानों से ढँकी हुई प्राकृतिक गुफाएँ शिल्प-रचनापूर्ण सुंदर प्रकोष्ठ बनातीं, जिनमें पागल कर देने वाली सुगंध की लहरें नृत्य करती थीं। स्थान-स्थान पर कुंजों और पुष्प-शय्याओं का समारोह, छोटे-छोटे विश्राम-गृह, पान-पात्रों में सुगंधित मदिरा, भाँति-भाँति के सुस्वादु फल-फूल वाले वृक्षों के झुरमुट, दूध और मधु की नहरों के किनारे गुलाबी बादलों का क्षणिक् विश्राम। चाँदनी का निभृत रंगमंच, पुलकित वृक्ष-फूलों पर मधुमक्खियों की भन्नाहट, रह-रहकर पक्षियों की हृदय में चुभने वाली तान, मणिदीपों पर लटकती हुई मुकुलित मालाएँ। तिस पर सौंदर्य के छँटे हुए जोड़ों—रूपवान बालक और बालिकाओं का हृदयहारी हास-विलास! संगीत की अबाध गति में छोटी-छोटी नावों पर उनका जल-विलास! किसकी आँखें यह देखकर भी नशे में न हो जाएँगी—हृदय पागल, इंद्रियाँ विकल न हो रहेंगी! यही तो स्वर्ग है!

झरने के तट पर बैठे हुए एक बालक ने बालिका से कहा—''मैं भूल-भूल जाता हूँ मीना, हाँ मीना, मैं तुम्हें मीना नाम से कब तक पुकारूँ?''

''और मैं तुमको गुल कहकर क्यों बुलाऊँ!''

''क्यों मीना, यहाँ भी तो हम लोगों को सुख ही है। है न? अहा, क्या ही सुंदर स्थान है! हम लोग जैसे एक स्वप्न देख रहे हैं! कहीं दूसरी जगह न भेजे जाएँ, तो क्या ही अच्छा हो!''

''नहीं गुल, मुझे पूर्व-स्मृति विकल कर देती है। कई बरस बीत गये—वह

माता के समान दुलार, उस उपासिका की स्नेहमयी करुणा-भरी दृष्टि आँखों में कभी-कभी चुटकी काट लेती है। मुझे तो अच्छा नहीं लगता; बंदी होकर रहना तो स्वर्ग में भी...अच्छा, तुम्हें यहाँ रहना नहीं खलता?"

"नहीं मीना, सबके बाद जब मैं तुम्हें अपने पास ही पाता हूँ, तब और किसी आकांक्षा का स्मरण ही नहीं रह जाता। मैं समझता हूँ कि..."

"तुम गलत समझते हो..."

मीना अभी पूरा कहने न पाई थी कि तितलियों के झुंड के पीछे, उन्हीं के रंग के कौषेय वसन पहने हुए, बालक और बालिकाओं की दौड़ती हुई टोली ने आकर मीना और गुल को घेर लिया।

"जल-विहार के लिए रंगीली मछलियों का खेल खेला जाय।"

एक साथ ही तालियाँ बज उठीं। मीना और गुल को ढकेलते हुए सब उसी कलनादी स्रोत में कूद पड़े। पुलिन की हरी झाड़ियों में से वंशी बजने लगी। मीना और गुल की जोड़ी आगे-आगे और पीछे-पीछे सब बालक-बालिकाओं की टोली तैरने लगी। तीर पर की झुकी डालों के अंतराल में लुक-छिपकर निकलना, उन कोमल पाणि-पल्लवों से क्षुद्र वीचियों का कटना, सचमुच उसी स्वर्ग में प्राप्त था।

तैरते-तैरते मीना ने कहा—"गुल, यदि मैं बह जाऊँ और डूबने लगूँ?"

"मैं नाव बन जाऊँगा, मीना!"

"और जो मैं यहाँ से सचमुच चली जाऊँ?"

"ऐसा न कहो; फिर मैं क्या करूँगा?"

"क्यों, क्या तुम मेरे साथ न चलोगे?"

इतने में एक दूसरी सुंदरी, जो कुछ पास थी, बोली—"कहाँ चलोगे गुल? मैं भी चलूँगी, उसी कुंज में। अरे देखो, वह कैसा हरा-भरा अंधकार है!" गुल उसी ओर लक्ष्य करके संतरण करने लगा। बहार उसके साथ तैरने लगी। वे दोनों त्वरित गति से तैर रहे थे; मीना उनका साथ न दे सकी, वह हताश होकर और भी पिछड़ने के लिए धीरे-धीरे तैरने लगी।

बहार और गुल जल से टकराती हुई डालों को पकड़कर विश्राम करने लगे। किसी को समीप न देखकर बहार ने गुल से कहा—"चलो, हम लोग इसी कुंज में छिप जाएँ।"

वे दोनों उसी झुरमुट में विलीन हो गये।

मीना से एक दूसरी सुंदरी ने पूछा—"गुल किधर गया, तुमने देखा?"

मीना जानकर भी अनजान बन गई। वह दूसरे किनारे की ओर लौटती हुई बोली—"मैं नहीं जानती।"

इतने में एक विशेष संकेत से बजती हुई सीटी सुनाई पड़ी। सब तैरना छोड़कर बाहर निकले। हरा वस्त्र पहने हुए, एक गंभीर मनुष्य के साथ, एक युवक दिखाई पड़ा। युवक की आँखें नशे में रँगीली हो रही थीं; पैर लड़खड़ा रहे थे। सबने उस प्रौढ़ को देखते ही सिर झुका लिया। वे बोल उठे—"महापुरुष, क्या कोई हमारा अतिथि आया है?"

"हाँ, यह युवक स्वर्ग देखने की इच्छा रखता है"—हरे वस्त्र वाले प्रौढ़ ने कहा।

सबने सिर झुका लिया। फिर एक बार निर्निमेष दृष्टि से मीना की ओर देखा। वह पहाड़ी दुर्ग का भयानक शेख था। सचमुच उसे एक आत्म-विस्मृति हो चली। उसने देखा, उसकी कल्पना सत्य में परिणत हो रही है।

"मीना—आह! कितना सरल और निर्दोष सौंदर्य है। मेरे स्वर्ग की सारी माधुरी उसकी भीगी हुई एक लट के बल खाने में बँधी हुई छटपटा रही है।"—उसने पुकारा—"मीना!"

मीना पास आकर खड़ी हो गई, और सब उस युवक को घेरकर एक ओर चल पड़े। केवल मीना शेख के पास रह गई।

शेख ने कहा—"मीना, तुम मेरे स्वर्ग की रत्न हो।"

मीना काँप रही थी। शेख ने उसका ललाट चूम लिया, और कहा—"देखो, तुम किसी भी अतिथि की सेवा करने न जाना। तुम केवल उस द्राक्षा-मंडप में बैठकर कभी-कभी गा लिया करो। बैठो, मुझे भी वह अपना गीत सुना दो।"

मीना गाने लगी। उस गीत का तात्पर्य था—'मैं एक भटकी हुई बुलबुल हूँ। हे मेरे अपरिचित कुंज! क्षण-भर मुझे विश्राम करने दोगे? यह मेरा क्रंदन है—मैं सच कहती हूँ, यह मेरा रोना है, गाना नहीं। मुझे दम तो लेने दो। आने दो वसंत का वह प्रभात—जब संसार गुलाबी रंग में नहाकर अपने यौवन में थिरकने लगेगा और तब मैं तुम्हें अपनी एक तान सुनाकर केवल एक तान, इस रजनी विश्राम का मूल्य चुकाकर चली जाऊँगी। तब तक अपनी किसी सूखी हुई टूटी डाल पर ही अंधकार बिता लेने दो। मैं एक पथ भूली हुई बुलबुल हूँ!'

शेख भूल गया कि मैं ईश्वरीय संदेश-वाहक हूँ, आचार्य हूँ, और महापुरुष हूँ। वह एक क्षण के लिए अपने को भी भूल गया। उसे विश्वास हो गया कि बुलबुल तो नहीं हूँ, पर कोई भूली हुई वस्तु हूँ। क्या हूँ, यह सोचते-सोचते पागल होकर एक ओर चला गया।

हरियाली से लदा हुआ ढालुवाँ तट था, बीच में बहता हुआ वही कलनादी स्रोत यहाँ कुछ गंभीर हो गया था। उस रमणीय प्रदेश के छोटे-से आकाश में मदिरा से भरी हुई घटा छा रही थी। लड़खड़ाते, हाथ-से-हाथ मिलाये, बहार और गुल ऊपर चढ़ रहे थे। गुल अपने आपे में नहीं है, बहार फिर भी सावधान है; वह सहारा देकर उसे ऊपर ले आ रही है।

एक शिला-खंड पर बैठे हुए गुल ने कहा–"प्यास लगी है।"

बहार पास के विश्राम-गृह में गई, पान-पात्र भर लाई। गुल पीकर मस्त हो रहा था। बोला–"बहार, तुम बड़े वेग से मुझे खींच रही हो; सँभाल सकोगी? देखो, मैं गिरा?"

गुल बहार की गोद में सिर रखकर आँखें बंद किये पड़ा रहा। उसने बहार के यौवन की सुगंध से घबराकर आँखें खोल दीं। उसके गले में हाथ डालकर बोला–"ले चलो, मुझे कहाँ ले चलती हो?"

बहार उस स्वर्ग की अप्सरा थी। विलासिनी बहार एक तीव्र मदिरा प्याली थी, मकरंद-भरी वायु का झकोर आकर उसमें लहर उठा देता है। वह रूप का उर्मिल सरोवर गुल उन्मत्त था। बहार ने हँसकर पूछा–"यह स्वर्ग छोड़कर कहाँ चलोगे?"

"कहीं दूसरी जगह, जहाँ हम हों और तुम।"

"क्यों, यहाँ कोई बाधा है?"

सरल गुल ने कहा–"बाधा! यदि कोई हो? कौन जाने!"

"कौन? मीना?"

"जिसे समझ लो।"

"तो तुम सबकी उपेक्षा करके मुझे–केवल मुझे ही–नहीं..."

"ऐसा न कहो"–बहार के मुँह पर हाथ रखते हुए गुल ने कहा।

ठीक इसी समय नवागत युवक ने वहाँ आकर उन्हें सचेत कर दिया। बहार ने उठकर उसका स्वागत किया। गुल ने अपनी लाल-लाल आँखों से उसको देखा।

वह उठ न सका, केवल मद-भरी अँगड़ाई ले रहा था। बहार ने युवक से आज्ञा लेकर प्रस्थान किया। युवक गुल के समीप आकर बैठ गया, और उसे गम्भीर दृष्टि से देखने लगा।

गुल ने अभ्यास के अनुसार कहा—"स्वागत, अतिथि!"

"तुम देवकुमार! आह! तुमको कितना खोजा मैंने!"

"देवकुमार? कौन देवकुमार? हाँ, हाँ, स्मरण होता है, पर वह विषैली पृथ्वी की बात क्यों स्मरण दिलाते हो? तुम मर्त्यलोक के प्राणी! भूल जाओ उस निराशा और अभावों की सृष्टि को; देखो आनंद-निकेतन स्वर्ग का सौंदर्य!"

"देवकुमार! तुमको भूल गया, तुम भीमपाल के वंशधर हो? तुम यहाँ बंदी हो! मूर्ख हो तुम; जिसे तुमने स्वर्ग समझ रखा है, वह तुम्हारे आत्मविस्तार की सीमा है। मैं केवल तुम्हारे ही लिए आया हूँ।"

"तो तुमने भूल की। मैं यहाँ बड़े सुख से हूँ। बहार को बुलाऊँ, कुछ खाओ-पीओ...कंगाल! स्वर्ग में भी आकर व्यर्थ समय नष्ट करना! संगीत सुनोगे?"

युवक हताश हो गया।

गुल ने मन में कहा—'मैं क्या करूँ? सब मुझसे रूठ जाते हैं। कहीं सहृदयता नहीं, मुझसे सब अपने मन की कराना चाहते हैं, जैसे मेरे मन नहीं है, हृदय नहीं है! प्रेम-आकर्षण! यह स्वर्गीय प्रेम में भी जलन! बहार तिनककर चली गई; मीना? वह पहले ही हट रही थी; तो फिर क्या जलन ही स्वर्ग है?"

गुल को उस युवक के हताश होने पर दया आ गई। यह भी स्मरण हुआ कि वह अतिथि है। उसने कहा—"कहिये, आपकी क्या सेवा करूँ? मीना का गान सुनिएगा? वह स्वर्ग की रानी है!"

युवक ने कहा—"चलो।"

द्राक्षा-मंडप में दोनों पहुँचे। मीना वहाँ बैठी हुई थी। गुल ने कहा—"अतिथि को अपना गान सुनाओ।"

एक निःश्वास लेकर वही बुलबुल का संगीत सुनाने लगी। युवक की आँखें सजल हो गईं, उसने कहा—"सचमुच तुम स्वर्ग की देवी हो!"

"नहीं अतिथि, मैं उस पृथ्वी की प्राणी हूँ—जहाँ कष्टों की पाठशाला है, जहाँ का दुःख इस स्वर्ग-सुख से भी मनोरम था, जिसका अब कोई समाचार नहीं मिलता"—मीना ने कहा।

"तुम उसकी एक करुण-कथा सुनना चाहो, तो मैं तुम्हें सुनाऊँ!"—युवक ने कहा।

"सुनाइए"—मीना ने कहा।

2

युवक कहने लगा—

वाह्लीक, गांधार, कपिशा और उद्यान, मुसलमानों के भयानक आतंक में काँप रहे थे। गांधार के अंतिम आर्य-नरपति भीमपाल के साथ ही, शाहीवंश का सौभाग्य अस्त हो गया। फिर भी उनके बचे हुए वंशधर उद्यान के मंगली दुर्ग में, सुवास्तु की घाटियों में, पर्वतमाला, हिम और जंगलों के आवरण में अपने दिन काट रहे थे। वे स्वतंत्र थे।

देवपाल एक साहसी राजकुमार था। वह कभी-कभी पूर्व गौरव का स्वप्न देखता हुआ, सिंधु-तट तक घूमा करता। एक दिन अभिसार-प्रदेश का सिंधु-तट वासना के फूल वाले प्रभात में सौरभ की लहरों में झोंके खा रहा था। कुमारी लज्जा स्नान कर रही थी। उसका कलसा तीर पर पड़ा था। देवपाल भी कई बार पहले की तरह आज फिर साहस भरे नेत्रों से उसे देख रहा था। उसकी चंचलता इतने से ही न रुकी, वह बोल उठा—

उषा के इस शांत आलोक में किसी मधुर कामना से यह भिखारी हृदय हँस रहा था। और मानस-नंदिनी! तुम इठलाती हुई बह चली हो। वाह रे तुम्हारा इतराना! इसीलिए तो जब कोई स्नान करके तुम्हारी लहर की तरह तरल और आर्द्र वस्त्र ओढ़कर, तुम्हारे पथरीले पुलिन में फिसलता हुआ ऊपर चढ़ने लगता है, तब तुम्हारी लहरों में आँसुओं की झालरें लटकने लगती हैं। परन्तु मुझ पर दया नहीं; यह कोई बात है!

तो फिर मैं क्या करूँ? उस क्षण की, उस कण की, सिंधु से, बादलों से, अंतरिक्ष और हिमालय से टहलकर लौट आने की प्रतिज्ञा करूँ? और इतना भी न कहोगी कि कब तक? बलिहारी!

कुमारी लज्जा भीरु थी। वह हृदय के स्पंदनों से अभिभूत हो रही थी। क्षुद्र वीचियों के सदृश काँपने लगी। वह अपना कलसा भी न भर सकी और

चल पड़ी। हृदय में गुदगुदी के धक्के लग रहे थे। उसके भी यौवन-काल के स्वर्गीय दिवस थे–फिसल पड़ी। धृष्ट युवक ने उसे सँभालकर अंक में ले लिया।

कुछ दिन स्वर्गीय स्वप्न चला। जलते हुए प्रभात के समान तारादेवी ने वह स्वप्न भंग कर दिया। तारा अधिक रूप-शालिनी, कश्मीर की रूप-माधुरी थी। देवपाल को कश्मीर से सहायता की भी आशा थी। हतभागिनी लज्जा ने कुमार सुदान की तपोभूमि में अशोक-निर्मित विहार में शरण ली। वह उपासिका, भिक्षुणी, जो कहो, बन गई।

गौतम की गम्भीर प्रतिमा के चरण-तल में बैठकर उसने निश्चय किया, सब दुःख है, सब क्षणिक है, सब अनित्य है।

सुवास्तु का पुण्य-सलिल उस व्यथित हृदय की मलिनता को धोने लगा। वह एक प्रकार से रोग-मुक्त हो रही थी।

एक सुनसान रात्रि थी, स्थविर धर्म-भिक्षु थे नहीं। सहसा कपाट पर आघात होने लगा और 'खोलो!' का शब्द सुनाई पड़ा। विहार में अकेली लज्जा ही थी। साहस करके बोली–

''कौन है?''

''पथिक् हूँ, आश्रय चाहिए''–उत्तर मिला।

तुषारावृत अँधेरा पथ था। हिम गिर रहा था। तारों का पता नहीं, भयानक शीत और निर्जन निशीथ। भला ऐसे समय में कौन पथ पर चलेगा। वातायन का परदा हटाने पर भी उपासिका लज्जा झाँककर न देख सकी कि कौन है। उसने अपनी कुभावनाओं से डरकर पूछा–''आप लोग कौन हैं?''

''आहा, तुम उपासिका हो! तुम्हारे हृदय में तो अधिक दया होनी चाहिए। भगवान् की प्रतिमा की छाया में दो अनाथों को आश्रय मिलने का पुण्य दें।''

लज्जा ने अर्गला खोल दी। उसने आश्चर्य से देखा, एक पुरुष अपने बड़े लबादे में आठ-नौ बरस के बालक और बालिका को लिए भीतर आकर गिर पड़ा। तीनों मुमूर्षु हो रहे थे। भूख और शीत से तीनों विकल थे। लज्जा ने कपाट बन्द करते हुए अग्नि धधकाकर उसमें कुछ गंध-द्रव्य डाल दिया। एक बार द्वार खुलने पर जो शीतल पवन का झोंका घुस आया था, वह निर्बल हो चला।

अतिथि-सत्कार हो जाने पर लज्जा ने उसका परिचय पूछा। आगंतुक ने कहा–"मंगली-दुर्ग के अधिपति देवपाल का मैं भृत्य हूँ। जगद्दाहक चंगेज खाँ ने समस्त गांधार प्रदेश को जलाकर, लूट-पाटकर उजाड़ दिया और कल ही इस उद्यान के मंगली-दुर्ग पर भी उन लोगों का अधिकार हो गया। देवपाल बंदी हुए, उनकी पत्नी तारादेवी ने आत्महत्या की। दुर्गपति ने पहले ही मुझसे कहा था कि इस बालक को अशोक-विहार में ले जाना, वहाँ की एक उपासिका लज्जा इसके प्राण बचा ले तो कोई आश्चर्य की बात नहीं।"

यह सुनते ही लज्जा की धमनियों में रक्त का तीव्र संचार होने लगा। शीताधिक्य में भी उसे स्वेद आने लगा। उसने बात बदलने के लिए बालिका की ओर देखा। आगंतुक ने कहा–"यह मेरी बालिका है, इसकी माता नहीं है।" लज्जा ने देखा, बालिका का शुभ्र शरीर मलिन वस्त्र में दमक रहा था। नासिकामूल से कानों के समीप तक भ्रू-युगल की प्रभावशालिनी रेखा और उसकी छाया में दो उनींदे कमल संसार से अपने को छिपा लेना चाहते थे। उसका विरागी सौंदर्य, शरद् के शुभ्र घन के आवरण में पूर्णिमा के चंद्र-सा आप ही लज्जित था। चेष्टा करके भी लज्जा अपनी मानसिक स्थिति को चंचल होने से न सँभाल सकी। वह–"अच्छा, आप लोग सो रहिए, थके होंगे"–कहती हुई दूसरे प्रकोष्ठ में चली गई।

लज्जा ने वातायन खोलकर देखा, आकाश स्वच्छ हो रहा था, पार्वत्य प्रदेश के निस्तब्ध गगन में तारों की झिलमिलाहट थी। उन प्रकाश की लहरों में अशोक-निर्मित स्तूप की चूड़ा पर लगा हुआ स्वर्ण धर्मचक्र जैसे हिल रहा था।

दूसरे दिन जब धर्म-भिक्षु आये, तो उन्होंने इन आगंतुकों को आश्चर्य से देखा, और जब पूरे समाचार सुने, तो और भी उबल पड़े। उन्होंने कहा–"राजकुटुंब को यहाँ रखकर क्या इस विहार और स्तूप को भी तुम ध्वस्त करना चाहती हो? लज्जा, तुमने यह किस प्रलोभन से किया? चंगेज खाँ बौद्ध है, संघ उसका विरोध क्यों करे?"

"स्थविर! किसी को आश्रय देना क्या गौतम के धर्म के विरुद्ध है? मैं स्पष्ट कह देना चाहती हूँ कि देवपाल ने मेरे साथ बड़ा अन्याय किया, फिर भी मुझ पर उसका विश्वास था, क्यों था, मैं स्वयं नहीं जान सकी। इसे चाहे मेरी दुर्बलता ही समझ लें, परंतु मैं अपने प्रति विश्वास का किसी को भी दुरुपयोग

नहीं करने देना चाहती। देवपाल को मैं अधिक-से-अधिक प्यार करती थी, और भी अब बिलकुल निःशेष समझकर उस प्रणय का तिरस्कार कर सकूँगी, इसमें संदेह है।''—लज्जा ने कहा।

''तो तुम संघ के सिद्धांत से च्युत हो रही हो, इसलिए तुम्हें भी विहार का त्याग करना पड़ेगा!''—धर्म-भिक्षु ने कहा।

लज्जा व्यथित हो उठी थी। बालक के मुख पर देवपाल की स्पष्ट छाया उसे बार-बार उत्तेजित करती, और वह बालिका तो उसे छोड़ना ही न चाहती थी।

उसने साहस करके कहा—''तब यही अच्छा होगा कि मैं भिक्षुणी होने का ढोंग छोड़कर अनाथों के दुःख-सुख में सम्मिलित होऊँ।''

उसी रात को वह दोनों बालक-बालिका और विक्रम भृत्य को लेकर, निस्सहाय अवस्था में चल पड़ी। छद्मवेश में यह दल यात्रा कर रहा था। इसे भिक्षा का अवलंब था। वाहूलीक के गिरिव्रज नगर के भग्न पांथ-निवास के टूटे कोने में इन लोगों को आश्रय लेना पड़ा। उस दिन आहार नहीं जुट सका, दोनों बालकों के संतोष के लिए कुछ बचा था, उसी को खिलाकर वे सुला दिये गये। लज्जा और विक्रम, अनाहार से म्रियमाण, अचेत हो गये।

दूसरे दिन आँखें खुलते ही उन्होंने देखा, तो वह राजकुमार और बालिका, दोनों ही नहीं! उन दोनों की खोज में ये लोग भी भिन्न-भिन्न दिशा को चल पड़े। एक दिन पता चला कि केकय के पहाड़ी दुर्ग के समीप कहीं स्वर्ग है, वहाँ रूपवान बालकों और बालिकाओं की अत्यंत आवश्यकता रहती है...

''और भी सुनोगी पृथ्वी की दुःख-गाथा? क्या करोगी सुनकर, तुम यह जानकर क्या करोगी कि उस उपासिका या विक्रम का फिर क्या हुआ?''

अब मीना से न रहा गया। उस युवक के गले से लिपटकर कहा—''तो. ..तुम्हीं वह उपासिका हो? आहा, सच कह दो।''

गुल की आँखों में अभी नशे का उतार था। उसने अँगड़ाई लेकर एक जँभाई ली, और कहा—''बड़े आश्चर्य की बात है। क्यों मीना, अब क्या किया जाय?''

अकस्मात् स्वर्ग के भयानक रक्षियों ने आकर उस युवक को बंदी कर लिया। मीना रोने लगी, गुल चुपचाप खड़ा था, बहार खड़ी हँस रही थी। सहसा पीछे से आते हुए प्रहरियों के प्रधान ने ललकारा—''मीना और गुल को भी।''

अब उस युवक ने घूमकर देखा; घनी दाढ़ी-मूँछों वाले प्रधान की आँखों से आँखें मिलीं।

युवक चिल्ला उठा—''देवपाल!''

''कौन! लज्जा? अरे!''

''हाँ, तो देवपाल, इस अपने पुत्र गुल को भी बंदी करो, विधर्मी का कर्त्तव्य यही आज्ञा देता है।''—लज्जा ने कहा।

''ओह!''—कहता हुआ प्रधान देवपाल सिर पकड़कर बैठ गया। क्षण भर में वह उन्मत्त हो उठा और दौड़कर गुल के गले से लिपट गया।

सावधान होने पर देवपाल ने लज्जा को बंदी करने वाले प्रहरी से कहा—''उसे छोड़ दो।''

प्रहरी ने बहार की ओर देखा। उसका गूढ़ संकेत समझकर वह बोल उठा—''मुक्त करने का अधिकार केवल शेख को है।''

देवपाल का क्रोध सीमा का अतिक्रम कर चुका था, उसने खड्ग चला दिया। प्रहरी गिरा। उधर बहार 'हत्या! हत्या!' चिल्लाती हुई भागी।

3

संसार की विभूति जिस समय चरणों में लोटने लगती है, वही समय पहाड़ी दुर्ग के सिंहासन का था। शेख क्षमता की ऐश्वर्य-मंडित मूर्ति था। लज्जा, मीना, गुल और देवपाल बंदी-वेश में खड़े थे। भयानक प्रहरी दूर-दूर खड़े, पवन की भी गति जाँच रहे थे। जितना भीषण प्रभाव संभव है, वह शेख के उस सभागृह में था। शेख ने पूछा—''देवपाल, तुझे इस धर्म पर विश्वास है कि नहीं?''

''नहीं।''—देवपाल ने उत्तर किया।

''तब तुमने हमको धोखा दिया?''

''नहीं, चंगेज के बंदी-गृह से छुड़ाने में जब समर-खंड में तुम्हारे अनुचरों ने मेरी सहायता की और मैं तुम्हारे उत्कोच या मूल्य से क्रीत हुआ, तब मुझे तुम्हारी आज्ञा पूरी करने की स्वभावतः इच्छा हुई। अपने शत्रु चंगेज का, ईश्वरीय कोप चंगेज का नाश करने की एक विकट लालसा मन में खेलने लगी, और मैंने उसकी हत्या की भी। मैं धर्म मानकर कुछ करने गया था, यह समझना भ्रम है।''

"यहाँ तक तो मेरी आज्ञा के अनुसार ही हुआ, परंतु उस अलाउद्दीन की हत्या क्यों की?"—दाँत पीसकर शेख ने कहा।

"यह मेरा उससे प्रतिशोध था!" अविचल भाव से देवपाल ने कहा।

"तुम जानते हो कि इस पहाड़ के शेख केवल स्वर्ग के ही अधिपति नहीं, प्रत्युत हत्या के दूत भी हैं!" क्रोध से शेख ने कहा।

"इसके जानने की मुझे उत्कंठा नहीं है, शेख! प्राणी-धर्म में मेरा अखंड विश्वास है। अपनी रक्षा करने के लिए, अपने प्रतिशोध के लिए, जो स्वाभाविक जीवन-तत्त्व के सिद्धांत की अवहेलना करके चुप बैठता है, उसे मृतक, कायर, सजीवता-विहीन, हड्डी-माँस के टुकड़े के अतिरिक्त मैं कुछ नहीं समझता। मनुष्य परिस्थितियों का अंध-भक्त है, इसलिए मुझे जो करना था, वह मैंने किया, अब तुम अपना कर्त्तव्य कर सकते हो।"—देवपाल का स्वर दृढ़ था।

भयानक शेख अपनी पूर्ण उत्तेजना से चिल्ला उठा। उसने कहा— "और, तू कौन है स्त्री? तेरा इतना साहस! मुझे ठगना!"

लज्जा अपना बाह्य आवरण फेंकती हुई बोली—"हाँ शेख, अब आवश्यकता नहीं कि मैं छिपाऊँ, मैं देवपाल की प्रणयिनी हूँ?"

"तो तुम इन सबको ले जाने या बहकाने आई थीं, क्यों?"

"आवश्यकता से प्रेरित होकर जैसे अत्यंत कुत्सित मनुष्य धर्माचार्य बनने का ढोंग कर रहा है, ठीक उसी प्रकार मैं स्त्री होकर भी पुरुष बनी। यह दूसरी बात है कि संसार की सबसे पवित्र वस्तु धर्म की आड़ में आकांक्षा खेलती है। तुम्हारे पास साधन हैं, मेरे पास नहीं, अन्यथा मेरी आवश्यकता किसी से कम न थी।"—लज्जा हाँफ रही थी।

शेख ने देखा, वह दृप्त सौंदर्य! यौवन के ढलने में भी एक तीव्र प्रवाह था—जैसे चाँदनी रात में पहाड़ से झरना गिर रहा हो! एक क्षण के लिए उसकी समस्त उत्तेजना पालतू पशु के समान सौम्य हो गई। उसने कहा—"तुम ठीक मेरे स्वर्ग की रानी होने के योग्य हो। यदि मेरे मत में तुम्हारा विश्वास हो, तो मैं तुम्हें मुक्त कर सकता हूँ। बोलो!"

"स्वर्ग! इस पृथ्वी को स्वर्ग की आवश्यकता क्या है, शेख? ना, ना, इस पृथ्वी को स्वर्ग के ठेकेदारों से बचाना होगा। पृथ्वी का गौरव स्वर्ग बन जाने से नष्ट हो जाएगा। इसकी स्वाभाविकता साधारण स्थिति में ही रह सकती है।

पृथ्वी को केवल वसुंधरा होकर मानव-जाति के लिए जीने दो, अपनी आकांक्षा के कल्पित स्वर्ग के लिए, क्षुद्र स्वार्थ के लिए इस महती को, इस धरणी को नरक न बनाओ, जिसमें देवता बनने के प्रलोभन में पड़कर मनुष्य राक्षस न बन जाय, शेख।"–लज्जा ने कहा।

शेख पत्थर-भरे बादलों के समान कड़कड़ा उठा। उसने कहा–"ले जाओ, इन दोनों को बंदी करो। मैं फिर विचार करूँगा; और गुल, तुम लोगों का यह पहला अपराध है, क्षमा करता हूँ, सुनती हो मीना, जाओ अपने कुंज में भागो। इन दोनों को भूल जाओ।"

बहार ने एक दिन गुल से कहा–"चलो, द्राक्षा-मंडप में संगीत का आनन्द लिया जाय।" दोनों स्वर्गीय मदिरा में झूम रहे थे। मीना वहाँ अकेली बैठी उदासी में गा रही थी–

"वही स्वर्ग तो नरक है, जहाँ प्रियजन से विच्छेद है। वही रात प्रलय की है, जिसकी कालिमा में विरह का संयोग है। वह यौवन निष्फल है, जिसका हृदयवान् उपासक नहीं। वह मदिरा हलाहल है, पाप है, जो उन मधुर अधरों की उच्छिष्ट नहीं। वह प्रणय विषाक्त छुरी है, जिसमें कपट है। इसलिए हे जीवन, तू स्वप्न न देख, विस्मृति की निद्रा में सो जा! सुषुप्ति यदि आनंद नहीं, तो दुखों का अभाव तो है। इस जागरण से–इस आकांक्षा और अभाव के जागरण से–वह निर्द्वंद्व सोना कहीं अच्छा है मेरे जीवन!"

बहार का साहस न हुआ कि वह मंडप में पैर धरे, पर गुल, वह तो जैसे मूक था! एक भूल, अपराध और मनोवेदना के निर्जन कानन में भटक रहा था, यद्यपि उसके चरण निश्चल थे। इतने में हलचल मच गई। चारों ओर दौड़-धूप होने लगी। मालूम हुआ, स्वर्ग पर तातार के खान की चढ़ाई है।

बरसों घिरे रहने से स्वर्ग की विभूति निःशेष हो गई थी। स्वर्गीय जीव अनाहार से तड़प रहे थे। तब भी मीना को आहार मिलता। आज शेख सामने बैठा था। उसकी प्याली में मदिरा की कुछ अन्तिम बूँदें थीं। जलन की तीव्र पीड़ा से व्याकुल और आहत बहार उधर तड़प रही थी। आज बंदी भी मुक्त कर दिये गये थे। स्वर्ग के विस्तृत प्रांगण में बंदियों के दम तोड़ने की कातर ध्वनि गूँज रही थी। शेख ने एक बार उन्हें हँसकर देखा, फिर मीना की ओर देखकर उसने कहा–"मीना! आज अंतिम दिन है! इस प्याली में अंतिम घूँटें हैं, मुझे अपने हाथ से पिला दोगी?"

"बंदी हूँ शेख! चाहे जो कहो।"

शेख एक दीर्घ निश्वास लेकर उठ खड़ा हुआ। उसने अपनी तलवार सँभाली। इतने में द्वार टूट पड़ा, तातारी घुसते हुए दिखलाई पड़े, शेख के पाप-दुर्बल हाथों से तलवार गिर पड़ी।

द्राक्षा के रूखे कुंज में देवपाल, लज्जा और गुल के शव के पास मीना चुपचाप बैठी थी। उसकी आँखों में न आँसू थे, न ओंठों पर क्रंदन। वह सजीव अनुकंपा, निष्ठुर हो रही थी।

तातारों के सेनापति ने आकर देखा, उस दावाग्नि के अंधड़ में तृण-कुसुम सुरक्षित है। वह अपनी प्रतिहिंसा से अंधा हो रहा था। कड़क कर उसने पूछा—"तू शेख की बेटी है?"

मीना ने जैसे मूर्च्छा से आँखें खोलीं। उसने विश्वास-भरी वाणी से कहा—"पिता, मैं तुम्हारी लीला हूँ!"

सेनापति विक्रम को उस प्रान्त का शासन मिला; पर मीना उन्हीं स्वर्ग के खँडहरों में उन्मुक्त घूमा करती। जब सेनापति बहुत स्मरण दिलाता, तो वह कह देती—"मैं एक भटकी हुई बुलबुल हूँ। मुझे किसी टूटी डाल पर अंधकार बिता लेने दो! इस रजनी-विश्राम का मूल्य अंतिम तान सुनाकर जाऊँगी।"

मालूम नहीं, उसकी अंतिम तान किसी ने सुनी या नहीं।

•

सुनहला साँप

“यह तुम्हारा दुस्साहस है, चंद्रदेव!”

“मैं सत्य कहता हूँ, देवकुमार।”

“तुम्हारे सत्य की पहचान बहुत दुर्बल है, क्योंकि उसके प्रकट होने का साधन असत् है। समझता हूँ कि तुम प्रवचन देते समय बहुत ही भावात्मक हो जाते हो। किसी के जीवन का रहस्य, उसका विश्वास समझ लेना हमारी-तुम्हारी बुद्धिरूपी 'एक्सरेज' की पारदर्शिता के परे है।”—कहता हुआ देवकुमार हँस पड़ा; उसकी हँसी में विज्ञता की अवज्ञा थी।

चंद्रदेव ने बात बदलने के लिए कहा—“इस पर मैं फिर वाद-विवाद करूँगा। अभी तो वह देखो, झरना आ गया—हम लोग जिसे देखने के लिए आठ मील से आये हैं।”

“सत्य और झूठ का पुतला मनुष्य अपने ही सत्य की छाया नहीं छू सकता, क्योंकि वह सदैव अंधकार में रहता है। चंद्रदेव, मेरा तो विश्वास है कि तुम अपने को भी नहीं समझ पाते।”—देवकुमार ने कहा।

चंद्रदेव बैठ गया। वह एकटक उस गिरते हुए प्रपात को देख रहा था। मसूरी पहाड़ का यह झरना बहुत प्रसिद्ध है। एक गहरे गड्ढे में गिरकर, यह नाला बनता हुआ, ठुकराए हुए जीवन के समान भागा जाता है।

चंद्रदेव एक ताल्लुकेदार का युवक पुत्र था। अपने मित्र देवकुमार के साथ मसूरी के ग्रीष्म-निवास में सुख और स्वास्थ्य की खोज में आया था। इस पहाड़ पर कब बादल छा जाएँगे, कब झोंका बरसाता हुआ निकल जाएगा, इसका कोई निश्चय नहीं। चंद्रदेव का नौकर पान-भोजन का सामान लेकर पहुँचा। दोनों मित्र एक अखरोट-वृक्ष के नीचे बैठकर खाने लगे। चंद्रदेव थोड़ी मदिरा भी पीता था, स्वास्थ्य के लिए।

देवकुमार ने कहा–"यदि हम लोगों को बीच ही में भीगना न हो, तो अब चल देना चाहिए।"

पीते हुए चंद्रदेव ने कहा–"तुम बड़े डरपोक हो। तनिक भी साहसिक जीवन का आनंद लेने का उत्साह तुममें नहीं। सावधान होकर चलना, समय से कमरे में जाकर बंद हो जाना और अत्यंत रोगी के समान सदैव पथ्य का अनुचर बने रहना हो, तो मनुष्य घर ही बैठा रहे!"

देवकुमार हँस पड़ा। कुछ समय बीतने पर दोनों उठ खड़े हुए। अनुचर भी पीछे चला। बूँदें पड़ने लगी थीं। सबने अपनी-अपनी बरसाती सँभाली।

परंतु उस वर्षा में कहीं विश्राम करना आवश्यक प्रतीत हुआ, क्योंकि उससे बचा लेना बरसाती के बूते का काम न था। तीनों छाया की खोज में चले। एक पहाड़ी चट्टान की गुफा मिली, छोटी-सी। ये तीनों उसमें घुस पड़े।

भँवों पर से पानी पोंछते हुए चंद्रदेव ने देखा, एक श्याम किंतु उज्ज्वल मुख अपने यौवन की आभा में दमक रहा है। वह एक पहाड़ी स्त्री थी। चंद्रदेव कलाविज्ञ होने का ढोंग करके उस युवती की सुडौल गढ़न देखने लगा। वह कुछ लज्जित हुई। प्रगल्भ चंद्रदेव ने पूछा–"तुम यहाँ क्या करने आई हो?"

"बाबूजी, मैं दूसरे पहाड़ी गाँव की रहने वाली हूँ, अपनी जीविका के लिए आई हूँ।"

"तुम्हारी क्या जीविका है?"

"साँप पकड़ती हूँ।"

चंद्रदेव चौंक उठा। उसने कहा–"तो क्या तुम यहाँ भी साँप पकड़ रही हो? इधर तो बहुत कम साँप होते हैं।"

"हाँ, अभी खोजने से मिल जाते हैं। यहाँ एक सुनहला साँप मैंने अभी देखा है। उसे..."–कहते-कहते युवती ने एक ढोंके की ओर संकेत किया।

चंद्रदेव ने देखा, दो तीव्र ज्योति!

पानी का झोंका निकल गया था। चंद्रदेव ने कहा–"चलो देवकुमार, हम चलें। रामू, तू भी तो साँप पकड़ता है न? देवकुमार! यह बड़ी सफाई से बिना किसी मंत्र-जड़ी के साँप पकड़ लेता है!" देवकुमार ने सिर हिला दिया।

रामू ने कहा–"हाँ सरकार, पकड़ूँ इसे?"

"नहीं-नहीं, उसे पकड़ने दो! हाँ, उसे होटल में लिवा लाना, हम लोग

देखेंगे। क्यों देव! अच्छा मनोरंजन रहेगा न?'' कहते हुए चंद्रदेव और देवकुमार चल पड़े।

किसी क्षुद्र हृदय के पास, उसके दुर्भाग्य से दैवी संपत्ति या विद्या, बल, धन और सौंदर्य उसके सौभाग्य का अभिनय करते हुए प्रायः देखे जाते हैं, तब उन विभूतियों का दुरुपयोग अत्यंत अरुचिकर दृश्य उपस्थित कर देता है। चंद्रदेव का होटल-निवास भी वैसा ही था। राशि-राशि विडंबनाएँ उसके चारों ओर घिरकर उसकी हँसी उड़ातीं, पर उनमें चंद्रदेव को तो जीवन की सफलता ही दिखलायी देती।

उसके कमरे में कई मित्र एकत्र थे। 'नेरा' महुअर बजाकर अपना खेल दिखला रही थी। सबके बाद उसने दिखलाया, अपना पकड़ा हुआ वही सुंदर सुनहला साँप।

रामू एकटक नेरा की ओर देख रहा था। चंद्रदेव ने कहा—''रामू, वह शीशे का बक्स तो ले आ!''

रामू ने तुरन्त उसे उपस्थित किया।

चंद्रदेव ने हँसकर कहा—''नेरा! तुम्हारे सुंदर साँप के लिए यह बक्स है।''

नेरा प्रसन्न होकर अपने नवीन आश्रित को उसमें रखने लगी, परन्तु वह उस सुंदर घर में जाना नहीं चाहता था। रामू ने उसे बाध्य किया। साँप बक्स में जा रहा। नेरा ने उसे आँखों से धन्यवाद दिया।

चंद्रदेव के मित्रों ने कहा—''तुम्हारा अनुचर भी तो कम खेलाड़ी नहीं है!''

चंद्रदेव ने गर्व से रामू की ओर देखा। परंतु, नेरा की मधुरिमा रामू की आँखों की राह उसके हृदय में भर रही थी। वह एकटक उसे देख रहा था।

देवकुमार हँस पड़ा। खेल समाप्त हुआ। नेरा को बहुत-सा पुरस्कार मिला।

तीन दिन बाद, होटल के पास ही, चीड़ वृक्ष के नीचे चंद्रदेव चुपचाप खड़ा था—वह बड़े गौर से देख रहा था—एक स्त्री और एक पुरुष को घुल-घुलकर बातें करते। उसे क्रोध आया; परंतु न जाने क्यों, कुछ बोल न सका। देवकुमार ने पीठ पर हाथ धरकर पूछा—''क्या है?''

चंद्रदेव ने संकेत से उस ओर दिखा दिया। एक झुरमुट में नेरा खड़ी है और रामू कुछ अनुनय कर रहा है! देवकुमार ने यह देखकर चंद्रदेव का हाथ पकड़कर खींचते हुए कहा—''चलो।''

दोनों आकर अपने कमरे में बैठे।

देवकुमार ने कहा–''अब कहो, इसी रामू के हृदय की परख तो तुम उस दिन बता रहे थे। इसी तरह संभव है, अपने को भी न पहचानते हो!''

चंद्रदेव ने कहा–''मैं उसे कोड़े से पीटकर ठीक करूँगा–बदमाश!''

चंद्रदेव 'बाल' देखकर आया था, अपने कमरे में सोने जा रहा था, रात अधिक हो चुकी थी। उसे कुछ फिस-फिस का शब्द सुनाई पड़ा। उसे नेरा का ध्यान आ गया। वह होंठ काटकर अपने पलँग पर जा पड़ा। मात्रा कुछ अधिक थी। आतिशदान के कार्निस पर धरे हुए शीशे का बक्स और बोतल चमक उठे। पर उसे क्रोध ही अधिक आया, बिजली बुझा दी।

कुछ अधिक समय बीतने पर किसी चिल्लाहट से चंद्रदेव की नींद खुली। रामू का-सा शब्द था। उसने स्विच दबाया, आलोक में चंद्रदेव ने आश्चर्य से देखा कि रामू के हाथ में वही सुनहला साँप हथकड़ी-सा जकड़ गया है। चंद्रदेव ने कहा–''क्यों रे बदमाश! तू यहाँ क्या करता था? अरे, इसका तो प्राण संकट में है, नेरा होती तो!''

चंद्रदेव घबड़ा गया था। इतने में नेरा ने कमरे में प्रवेश किया। इतनी रात को यहाँ? चंद्रदेव क्रोध से चुप रहा। नेरा ने साँप से रामू का हाथ छुड़ाया और फिर उसे बक्स में बंद किया। तब चंद्रदेव ने रामू से पूछा–''क्यों बे, यहाँ क्या कर रहा था?'' रामू काँपने लगा।

''बोल, जल्दी बोल! नहीं तो तेरी खाल उधेड़ता हूँ।''

रामू फिर भी चुप था।

चंद्रदेव का चेहरा अत्यंत भीषण हो रहा था। वह कभी नेरा की ओर देखता और कभी रामू की ओर। उसने पिस्तौल उठाई, नेरा रामू के सामने आ गई। उसने कहा–''बाबूजी, यह मेरे लिए शराब लेने आया था, जो उस बोतल में धरी है।''

चंद्रदेव ने देखा, मदिरा उस बोलत में अपनी लाल हँसी में मग्न थी। चंद्रदेव ने पिस्तौल धर दिया। और बोतल और बक्स उठाकर देते हुए मुँह फेरकर कहा–''तुम दोनों इसे लेकर अभी चले जाओ, और रामू, अब तुम कभी मुझे अपना मुँह मत दिखाना।''

दोनों धीरे-धीरे बाहर हो गये। रामू अपने मालिक का मन पहचानता था।

दूसरे दिन देवकुमार और चंद्रदेव पहाड़ से उतरे। रामू उनके साथ न था।

ठीक ग्यारह महीने बाद फिर उसी होटल में चंद्रदेव पहुँचा था। तीसरा पहर था, रंगीन बादल थे, पहाड़ी संध्या अपना रंग जमा रही थी, पवन तीव्र था। चंद्रदेव ने शीशे का पल्ला बंद करना चाहा। उन्होंने देखा, रामू सिर पर पिटारा धरे चला जा रहा है और पीछे-पीछे अपनी मंद गति से नेरा। नेरा ने भी ऊपर की ओर देखा, वह मुस्कराकर सलाम करती हुई रामू के पीछे चली गई। चंद्रदेव ने धड़ से पल्ला बंद करते हुए सोचा–'सच तो, क्या मैं अपने को भी पहिचान सका?'

•

हिमालय का पथिक्

"गिरि-पथ में हिम वर्षा हो रही है, इस समय तुम कैसे यहाँ पहुँचे? किस प्रबल आकर्षण से तुम खिंच आये?" खिड़की खोलकर एक व्यक्ति ने पूछा। अमलधवल चंद्रिका तुषार से घनीभूत हो रही थी। जहाँ तक दृष्टि जाती है, गगनचुम्बी शैल-शिखर, जिन पर बर्फ का मोटा लिहाफ पड़ा था, ठिठुरकर सो रहे थे। ऐसे ही समय पथिक उस कुटीर के द्वार पर खड़ा था। वह बोला–"पहले भीतर आने दो, प्राण बचें!"

बर्फ जम गयी थी, द्वार परिश्रम से खुला। पथिक ने भीतर जाकर उसे बंद कर लिया। आग के पास पहुँचा, और उष्णता का अनुभव करने लगा। ऊपर से और दो कंबल डाल दिये गये। कुछ काल बीतने पर पथिक् होश में आया। देखा, शैल-भर में एक छोटा-सा गृह धुँधली प्रभा से आलोकित है। एक वृद्ध है और उसकी कन्या। बालिका–युवती हो चली है।

वृद्ध बोला–"कुछ भोजन करोगे?"

पथिक्–"हाँ, भूख तो लगी है।"

वृद्ध ने बालिका की ओर देखकर कहा–"किन्नरी, कुछ ले आओ।"

किन्नरी उठी और कुछ खाने को ले आई। पथिक् दत्तचित्त होकर उसे खाने लगा।

किन्नरी चुपचाप आग के पास बैठी देख रही थी। युवक-पथिक् को देखने में उसे कुछ संकोच न था। पथिक् भोजन कर लेने के बाद घूमा, और देखा। किन्नरी सचमुच हिमालय की किन्नरी है। ऊनी लंबा कुरता पहने है, खुले हुए बाल एक कपड़े से कसे हैं, जो सिर के चारों ओर टोप के समान बँधा है। कानों में दो बड़े-बड़े फीरोजे लटकते हैं। सौंदर्य है, जैसे हिमानीमंडित उपत्यका में वसंत की फूली हुई वल्लरी पर मध्याह्न का आतप अपनी सुखद कांति बरसा

रहा हो। हृदय को चिकना कर देने वाला रूखा यौवन प्रत्येक अंग में लालिमा की लहरी उत्पन्न कर रहा है। पथिक् देखकर भी अनिच्छा से सिर झुकाकर सोचने लगा।

वृद्ध ने पूछा—"कहो, तुम्हारा आगमन कैसे हुआ?"

पथिक्—"निरुद्देश्य घूम रहा हूँ, कभी राजमार्ग, कभी खड्ड, कभी सिंधुतट और कभी गिरि-पथ देखता फिरता हूँ। आँखों की तृष्णा मुझे बुझती नहीं दिखाई देती। यह सब क्यों देखना चाहता हूँ, कह नहीं सकता।"

"तब भी भ्रमण कर रहे हो!"

पथिक्—"हाँ, अबकी इच्छा है कि हिमालय में ही विचरण करूँ। इसी के सामने दूर तक चला जाऊँ!"

वृद्ध—"तुम्हारे पिता-माता हैं?"

पथिक्—"नहीं।"

किन्नरी—"तभी तुम घूमते हो! मुझे तो पिताजी थोड़ी दूर भी नहीं जाने देते।"—वह हँसने लगी।

वृद्ध ने उसकी पीठ पर हाथ रखकर कहा—"बड़ी पगली है!"

किन्नरी खिलखिला उठी।

पथिक्—"अपरिचित देशों में एक रात रमना और फिर चल देना। मन के समान चंचल हो रहा हूँ, जैसे पैरों के नीचे चिनगारी हो!"

किन्नरी—"हम लोग तो कहीं जाते नहीं; सबसे अपरिचित हैं; कोई नहीं जानता। न कोई यहाँ आता है। हिमालय की निर्जन शिखर-श्रेणी और बर्फ की झड़ी, कस्तूरी मृग और बर्फ के चूहे, ये ही मेरे स्वजन हैं।"

वृद्ध—"क्यों री किन्नरी! मैं कौन हूँ?"

किन्नरी—"तुम्हारा तो कोई नया परिचय नहीं है; वही मेरे पुराने बाबा बने हो!"

वृद्ध सोचने लगा।

पथिक् हँसने लगा। किन्नरी अप्रतिभ हो गई। वृद्ध गंभीर होकर कंबल ओढ़ने लगा।

पथिक् को उस कुटी में रहते हुए कई दिन हो गये। न जाने किस बंधन ने उसे यात्रा से वंचित कर दिया है। पर्यटक युवक आलसी बनकर चुपचाप

खुली धूप में, बहुधा देवदारु की लंबी छाया में बैठा हिमालय खंड की निर्जन कमनीयता की ओर एकटक देखा करता है। जब कभी अचानक आकर किन्नरी उसका कंधा पकड़कर हिला देती है, तो उसके तुषारतुल्य हृदय में बिजली-सी दौड़ जाती है। किन्नरी हँसने लगती है—जैसे बर्फ गल जाने पर लता के फूल निखर आते हैं।

एक दिन पथिक् ने कहा—"कल मैं जाऊँगा।"

किन्नरी ने पूछा—"किधर?"

पथिक् ने हिम-गिरि की ऊँची चोटी दिखलाते हुए कहा—"उधर, जहाँ कोई न गया हो!"

किन्नरी ने पूछा—"वहाँ जाकर क्या करोगे?"

"देखकर लौट आऊँगा।"

"अभी से क्यों नहीं जाना रोकते, जब लौट ही आना है?"

"देखकर आऊँगा; तुम लोगों से मिलते हुए देश को लौट जाऊँगा। वहाँ जाकर यहाँ का सब समाचार सुनाऊँगा।"

"वहाँ क्या तुम्हारा कोई परिचित है?"

"यहाँ पर कौन था?"

"चले जाने में तुमको कुछ कष्ट नहीं होगा?"

"कुछ नहीं; हाँ, एक बार जिनका स्मरण होगा, उनके लिए जी कचोटेगा। परंतु ऐसे कितने ही हैं!"

"कितने होंगे?"

"बहुत-से, जिनके यहाँ दो घड़ी से लेकर दो-चार दिन तक आश्रय ले चुका हूँ। उन दयालुओं की कृतज्ञता से विमुख नहीं होता।"

"मेरी इच्छा होती है कि उस शिखर तक मैं भी तुम्हारे साथ चलकर देखूँ। बाबा से पूछ लूँ।"

"ना-ना, ऐसा मत करना।" पथिक् ने देखा, बर्फ की चट्टान पर श्यामल दूर्वा उगने लगी है। मतवाले हाथी के पैर में फूली हुई लता लिपटकर साँकल बनाना चाहती है। वह उठकर फूल बीनने लगा। एक माला बनाई। फिर किन्नरी के सिर का बंधन खोलकर वहीं माला अटका दी। किन्नरी के मुख पर कोई भाव न था। वह चुपचाप थी। किसी ने पुकारा—"किन्नरी!"

दोनों ने घूमकर देखा, वृद्ध का मुँह लाल था। उसने पूछा–"पथिक्! तुमने देवता का निर्माल्य दूषित करना चाहा–तुम्हारा दंड क्या है?"

पथिक् ने गंभीर स्वर से कहा–"निर्वासन।"

"और भी कुछ?"

"इससे विशेष तुम्हें अधिकार नहीं; क्योंकि तुम देवता नहीं, जो पाप की वास्तविकता समझ लो!"

"हूँ!"

"और, मैंने देवता के निर्माल्य को और भी पवित्र बनाया है। उसे प्रेम के गंधजल से सुरभित कर दिया है। उसे तुम देवता को अर्पण कर सकते हो"–इतना कहकर पथिक् उठा, और गिरि-पथ से जाने लगा।

वृद्ध ने पुकारकर कहा–"तुम कहाँ जाओगे? वहाँ सामने भयानक शिखर है!"

पथिक् ने लौटकर खड्ड में उतरना चाहा। किन्नरी पुकारती हुई दौड़ी–"हाँ-हाँ, मत उतरना, नहीं तो प्राण न बचेंगे!"

पथिक् एक क्षण के लिए रुक गया। किन्नरी ने वृद्ध से घूमकर पूछा–"बाबा, क्या यह देवता नहीं है?"

वृद्ध कुछ कह न सका। किन्नरी और आगे बढ़ी। उसी क्षण एक लाल धुँधली आँधी के सदृश बादल दिखलाई पड़ा। किन्नरी और पथिक् गिरि-पथ से चढ़ रहे थे। वे अब दो श्याम-बिंदु की तरह वृद्ध की आँखों में दिखाई देते थे। वह रक्तमलिन मेघ समीप आ रहा था। वृद्ध कुटीर की ओर पुकारता हुआ चला–"दोनों लौट आओ; खूनी बर्फ आ रही है!" परंतु जब पुकारना था, तब वह चुप रहा। अब वे सुन नहीं सकते थे।

दूसरे ही क्षण खूनी बर्फ, वृद्ध और उन दोनों के बीच में थी।

•

भिखारिन

जाह्नवी अपने बालू के कंबल में ठिठुरकर सो रही थी। शीत कुहासा बनकर प्रत्यक्ष हो रहा था। दो-चार लाल धारायें प्राची के क्षितिज में बहना चाहती थीं। धार्मिक लोग स्नान करने के लिए आने लगे थे।

निर्मल की माँ स्नान कर रही थी, और वह पंडे के पास बैठा हुआ बड़े कुतूहल से धर्म-भीरु लोगों की स्नान-क्रिया देखकर मुस्करा रहा था। उसकी माँ स्नान करके ऊपर आई। अपनी चादर ओढ़ते हुए स्नेह से उसने निर्मल से पूछा–"क्या तू स्नान न करेगा?"

निर्मल ने कहा–"नहीं माँ, मैं तो धूप निकलने पर घर पर ही स्नान करूँगा।"

पंडाजी ने हँसते हुए कहा–"माता, अब के लड़के पुण्य-धर्म क्या जानें? यह सब तो जब तक आप लोग हैं, तभी तक है।"

निर्मल का मुँह लाल हो गया। फिर भी वह चुप रहा। उसकी माँ संकल्प लेकर कुछ दान करने लगी। सहसा जैसे उजाला हो गया–एक धवल दाँतों की श्रेणी अपना भोलापन बिखेर गई–"कुछ हमको दे दो, रानी माँ!"

निर्मल ने देखा, एक चौदह बरस की भिखारिन भीख माँग रही है। पंडाजी झल्लाये, बीच ही में संकल्प अधूरा छोड़कर बोल उठे–"चल हट!"

निर्मल ने कहा–"माँ! कुछ इसे भी दे दो।"

माता ने उधर देखा भी नहीं, परन्तु निर्मल ने उस जीर्ण मलिन वसन में एक दरिद्र हृदय की हँसी को रोते हुए देखा। उस बालिका की आँखों में एक अधूरी कहानी थी। रूखी लटों में सादी उलझन थी, और बरौनियों के अग्रभाग में संकल्प के जलबिन्दु लटक रहे थे, करुणा का दान जैसे होने ही वाला था।

धर्म-परायण निर्मल की माँ स्नान करके निर्मल के साथ चली। भिखारिन को अभी आशा थी, वह भी उन लोगों के साथ चली।

निर्मल एक भावुक युवक था। उसने पूछा—"तुम भीख क्यों माँगती हो?"

भिखारिन की पोटली के चावल फटे कपड़े के छिद्र से गिर रहे थे। उन्हें सँभालते हुए कहा—"बाबूजी, पेट के लिए।"

निर्मल ने कहा—"नौकरी क्यों नहीं करती? माँ, इसे अपने यहाँ रख क्यों नहीं लेती हो? धनिया तो प्रायः आती भी नहीं।"

माता ने गम्भीरता से कहा—"रख लो! कौन जाति है, कैसी है, जाना न सुना; बस रख लो।"

निर्मल ने कहा—"माँ, दरिद्रों की तो एक ही जाति होती है।"

माँ झल्ला उठी, और भिखारिन लौट चली। निर्मल ने देखा, जैसे उमड़ी हुई मेघमाला बिना बरसे हुए लौट गई। उसका जी कचोट उठा। विवश था, माता के साथ चला गया।

"सुने री निर्धन के धन राम! सुने री—"

भैरवी के स्वर, पवन में आंदोलन कर रहे थे। धूप गंगा के वक्ष पर उजली होकर नाच रही थी। भिखारिन पत्थर की सीढ़ियों पर सूर्य की ओर मुँह किये गुनगुना रही थी। निर्मल आज अपनी भाभी के संग स्नान करने के लिए आया है। गोद में अपने चार बरस के भतीजे को लिए वह भी सीढ़ियों से उतरा। भाभी ने पूछा—"निर्मल! आज क्या तुम भी पुण्य-संचय करोगे?"

"क्यों भाभी! जब तुम इस छोटे से बच्चे को इस सरदी में नहला देना धर्म समझती हो, तो मैं ही क्यों वंचित रह जाऊँ?"

सहसा निर्मल चौंक उठा? उसने देखा, बगल में वही भिखारिन बैठी गुनगुना रही है। निर्मल को देखते ही उसने कहा—"बाबूजी, तुम्हारा बच्चा फले-फूले, बहू का सोहाग बना रहे! आज तो मुझे कुछ मिले।"

निर्मल अप्रतिम हो गया। उसकी भाभी हँसती हुई बोली—"दुर पगली!"

भिखारिन सहम् गई। उसके दाँतों का भोलापन गंभीरता के परदे में छिप गया। वह चुप हो गई।

निर्मल ने स्नान किया। सब ऊपर चलने के लिए प्रस्तुत थे। सहसा बादल हट गये, उन्हीं अमल-धवल दाँतों की श्रेणी ने फिर याचना की—"बाबूजी, कुछ मिलेगा?"

"अरे, अभी बाबूजी का ब्याह नहीं हुआ। जब होगा, तब तुझे न्यौता देकर बुलावेंगे। तब तक संतोष करके बैठी रह।" भाभी ने हँसकर कहा।

"तुम लोग बड़ी निष्ठुर हो, भाभी! उस दिन माँ से कहा कि इसे नौकर रख लो, तो वह इसकी जाति पूछने लगीं; और आज तुम भी हँसी ही कर रही हो!"

निर्मल की बात काटते हुए भिखारिन ने कहा–"बहूजी, तुम्हें देखकर मैं तो यही जानती हूँ कि ब्याह हो गया है। मुझे कुछ न देने के लिए बहाना कर रही हो!"

"मर पगली! बड़ी ढीठ है!" भाभी ने कहा।

"भाभी! उस पर क्रोध न करो। वह क्या जाने, उसकी दृष्टि में सब अमीर और सुखी लोग विवाहित हैं। जाने दो, घर चलें!"

"अच्छा चलो, आज माँ से कहकर इसे तुम्हारे लिए टहलनी रखवा दूँगी।" कहकर भाभी हँस पड़ी।

युवक-हृदय उत्तेजित हो उठा। बोला–"यह क्या भाभी! मैं तो इससे ब्याह करने के लिए भी प्रस्तुत हो जाऊँगा! तुम व्यंग्य क्यों कर रही हो?"

भाभी अप्रतिम हो गई। परंतु भिखारिन अपने स्वाभाविक भोलेपन से बोली–"दो दिन माँगने पर भी तुम लोगों से एक पैसा तो देते नहीं बना, फिर क्यों गाली देते हो, बाबू? ब्याह करके निभाना तो बड़ी दूर की बात है!"–भिखारिन भारी मुँह लिए लौट चली।

बालक रामू अपनी चालाकी में लगा था! माँ की जेब से छोटी दुअन्नी अपनी छोटी अँगुलियों से उसने निकाल ली और भिखारिन की ओर फेंककर बोला–"लेती जाओ, ओ भिखारिन!"

निर्मल और भाभी को रामू की इस दया पर कुछ प्रसन्नता हुई, पर वे प्रकट न कर सके; क्योंकि भिखारिन ऊपर की सीढ़ियों पर चढ़ती हुई गुनगुनाती चली जा रही थी–

"सुने री निर्धन के धन राम!"

•

प्रतिध्वनि

मनुष्य की चिता जल जाती है, और बुझ भी जाती है परंतु उसकी अपनी छाती की जलन, द्वेष की ज्वाला, संभव है, उसके बाद भी धक्-धक् करती हुई जला करे।

तारा जिस दिन विधवा हुई, जिस समय सब लोग रो-पीट रहे थे, उसकी ननद ने भाई के मरने पर भी, रोदन के साथ व्यंग्य स्वर में कहा—"अरे मैया रे, किसका पाप किसे खा गया रे!"—तभी आसन्न वैधव्य ठेलकर, अपने कानों को ऊँचा करके, तारा ने वह तीक्ष्ण व्यंग्य रोदन के कोलाहल में भी सुन लिया था।

तारा संपन्न थी, इसलिए वैधव्य उसे दूर ही से डराकर चला जाता। उसका पूर्ण अनुभव वह कभी न कर सकी। हाँ, ननद रामा अपनी दरिद्रता के दिन अपनी कन्या श्यामा के साथ किसी तरह काटने लगी। दहेज मिलने की निराशा से कोई ब्याह करने के लिए प्रस्तुत न होता। श्यामा चौदह बरस की हो चली। बहुत चेष्टा करके भी रामा उसका ब्याह न कर सकी। वह चल बसी।

श्यामा निस्सहाय अकेली हो गई। पर जीवन के जितने दिन हैं, वे कारावासी के समान काटने ही होंगे। वह अकेली ही गंगा-तट पर अपनी बारी से सटे हुए कच्चे झोंपड़े में रहने लगी।

मन्नी नाम की एक बुढ़िया, जिसे 'दादी' कहती थी, रात को उसके पास सो रहती, और न जाने कहाँ से, कैसे उसके खाने-पीने का कुछ प्रबंध कर ही लेती। धीरे-धीरे दरिद्रता के सब अवशिष्ट चिह्न बिककर श्यामा के पेट में चले गये।

पर, उसकी आम की बारी अभी नीलाम होने के लिए हरी-भरी थी!

कोमल आतप गंगा के शीतल शरीर में अभी ऊष्मा उत्पन्न करने में असमर्थ

था। नवीन किसलय उससे चमक उठे थे। वसंत की किरणों की चोट से कोयल कुहुक उठी। आम की कैरियों के गुच्छे हिलने लगे। उस आम की बारी में माधवऋतु का डेरा था और श्यामा के कमनीय कलेवर में यौवन था।

श्मामा अपने कच्चे घर के द्वार पर खड़ी हुई मेघ-संक्रांति का पर्व-स्नान करने वालों को कगार के नीचे देख रही थी। समीप होने पर भी वह मनुष्यों की भीड़ उसे चींटियाँ रेंगती हुई जैसी दिखायी पड़ती थी। मन्नी ने आते ही उसका हाथ पकड़कर कहा–"चलो बेटी, हम लोग भी स्नान कर आवें।"

उसने कहा–"नहीं दादी, आज अंग-अंग टूट रहा है, जैसे ज्वर आने को है।"

मन्नी चली गई।

तारा स्नान करके दासी के साथ कगारे के ऊपर चढ़ने लगी। श्यामा की बारी के पास से ही पथ था। किसी को वहाँ न देखकर तारा ने संतुष्ट होकर साँस ली। कैरियों से गदराई हुई डाली से उसका सिर लग गया। डाली राह में झुकी पड़ती थी। तारा ने देखा, कोई नहीं है; हाथ बढ़ाकर कुछ कैरियाँ तोड़ लीं।

सहसा किसी ने कहा–"और तोड़ लो मामी, कल तो यह नीलाम ही होगा!"

तारा की अग्नि-बाण-सी आँखें किसी को जला देने के लिए खोजने लगीं। फिर उसके हृदय में वही बहुत दिन की बात प्रतिध्वनित होने लगी–"किसका पाप किसको खा गया, रे!"–तारा चौंक उठी। उसने सोचा, रामा की कन्या व्यंग्य कर रही है–भीख लेने के लिए कह रही है। तारा होंठ चबाती हुई चली गई।

एक सौ पाँच–एक,

एक सौ पाँच–दो,

एक सौ पाँच–तीन!

बोली हो गई। अमीन ने पूछा–"नीलाम का चौथाई रुपया कौन जमा करता है?"

एक गठीले युवक ने कहा–"चौथाई नहीं, कुल रुपये लीजिए।" तारा के नाम की रसीद बना रुपया सामने रख दिया गया।

श्यामा एक आम के वृक्ष के नीचे चुपचाप बैठी थी। उसे और कुछ नहीं सुनाई पड़ता था, केवल डुग्गियों के साथ एक-दो-तीन की प्रतिध्वनि कानों में

गूँज रही थी। एक समझदार मनुष्य ने कहा—"चलो, अच्छा ही हुआ, तारा ने अनाथ लड़की के बैठने का ठिकाना तो बना रहने दिया; नहीं तो गंगा किनारे का घर और तीन बीघे की बारी, एक सौ पाँच रुपये में! तारा ने बहुत अच्छा किया।"

बुढ़िया मन्नी ने कहा—"भगवान् जाने, ठिकाना कहाँ होगा!"

श्यामा चुपचाप सुनती रही। संध्या हो गई। जिनका उसी अमराई में नीड़ था, उन पक्षियों का झुंड कलरव करता हुआ घर लौटने लगा। पर श्यामा न हिली; उसे भूल गया कि उसके भी घर है।

बुढ़िया के साथ अमीन साहब आकर खड़े हो गये। अमीन एक सुंदर कहे जाने योग्य युवक थे, और उनका यह सहज विश्वास था कि कोई भी स्त्री हो, मुझे एक बार अवश्य देखेगी। श्याम के सौंदर्य को तो दारिद्र्य ने ढँक लिया था; पर उसका यौवन छिपने के योग्य न था। कुमार यौवन अपनी क्रीड़ा में विह्वल था। अमीन ने कहा—"मन्नी! पूछो, मैं रुपया दे दूँ—अभी एक महीने की अवधि है, रुपया दे देने से नीलाम रुक जाएगा!"

श्यामा ने एक बार तीखी आँखों से अमीन की ओर देखा। वह पुष्ट कलेवर अमीन, उस अनाथ बालिका की दृष्टि न सह सका, धीरे से चला गया। मन्नी ने देखा, बरसात की-सी गीली चिता श्यामा की आँखों में जल रही है। मन्नी का साहस न हुआ कि उससे घर चलने के लिए कहे। उसने सोचा, ठहरकर आऊँगी तो इसे घर लिवा जाऊँगी। परंतु जब वह लौटकर आई, तो रजनी के अंधकार में बहुत खोजने पर भी श्यामा को न पा सकी।

तारा का उत्तराधिकारी हुआ—उसके भाई का पुत्र प्रकाश। अकस्मात् सम्पत्ति मिल जाने से जैसा प्रायः हुआ करता है, वही हुआ—प्रकाश अपने-आपे में न रह सका। वह उस देहात में प्रथम श्रेणी का विलासी बन बैठा। उसने तारा के पहले घर से कोस-भर दूर श्यामा की बारी को भली-भाँति सजाया; उसका कच्चा घर तोड़कर बंगला बन गया। अमराई में सड़कें और क्यारियाँ दौड़ने लगीं। यहीं प्रकाश बाबू की बैठक जमी। अब इसे उसके नौकर 'छावनी' कहते थे।

आषाढ़ का महीना था। सवेरे ही बड़ी उमस थी। पुरवाई से घनमंडल स्थिर हो रहा था। वर्षा होने की पूरी संभावना थी। पक्षियों के झुंड आकाश में अस्त-व्यस्त घूम रहे थे। एक पगली गंगा के तट के ऊपर की ओर चढ़ रही

थी। वह अपने प्रत्येक पाद-विक्षेप पर एक-दो-तीन अस्फुट स्वर से कह देती, फिर आकाश की ओर देखने लगती थी। अमराई के खुले फाटक से वह घुस आई, और पास के वृक्षों के नीचे घूमती हुई 'एक-दो-तीन' करके गिनने लगी।

लहरीले पवन का एक झोंका आया; तिरछी बूँदों की एक बाढ़ पड़ गई। दो-चार आम भी चू पड़े। पगली घबरा गई। तीन से अधिक वह गिनना ही नहीं जानती थी। इधर बूँदों को गिने कि आमों को! बड़ी गड़बड़ी हुई। पर वह मेघ का टुकड़ा बरसता हुआ निकल गया। पगली एक बार स्वस्थ हो गई।

महोखा एक डाल से बोलने लगा। डुग्गी के समान उसका 'डूप-डूप-डूप' शब्द पगली को पहचाना हुआ-सा मालूम पड़ा। वह फिर गिनने लगी—एक-दो-तीन! उसके चुप हो जाने पर पगली ने डालों की ओर देखा और प्रसन्न होकर बोली—एक-दो-तीन! इस बार उसकी गिनती में बड़ा उल्लास था, विस्मय था और हर्ष भी। उसने एक ही डाल में पके हुए तीन आमों को वृंत्तों-सहित तोड़ लिया, और उन्हें झुकाते हुए गिनने लगी। पगली इस बार सचमुच बालिका बन गई, जैसे खिलौने के साथ खेलने लगी।

माली आ गया। उसने गाली दी, मारने के लिए हाथ उठाया। पगली अपना खेल छोड़कर चुपचाप उसकी ओर एकटक देखने लगी। वह उसका हाथ पकड़कर प्रकाश बाबू के पास ले चला।

प्रकाश यक्ष्मा से पीड़ित होकर इन दिनों यहाँ निरंतर रहने लगा था। वह खाँसता जाता था; और तकिये के सहारे बैठा हुआ पीकदान में रक्त और कफ थूकता जाता था। कंकाल-सा शरीर पीला पड़ गया था। मुख पर केवल नाक और बड़ी-बड़ी आँखें अपना अस्तित्व चिल्लाकर कह रही थीं। पगली को पकड़कर माली उसके सामने ले आया।

विलासी प्रकाश ने देखा, पागल यौवन अभी उस पगली के पीछे लगा था। कामुक प्रकाश को आज अपने रोग पर क्रोध हुआ, और पूर्ण मात्रा में हुआ। पर क्रोध धक्का खाकर पगली की ओर चला आया। प्रकाश ने आम देखकर ही समझ लिया और फूहड़ गालियों की बौछार से उसकी अभ्यर्थना की।

पगली ने कहा—"यह किस पाप का फल है? तू जानता है, इसे कौन खाएगा? बोल! कौन मरेगा? बोल! एक-दो-तीन—"

"चोरी को पागलपन में छिपाना चाहती है! अभी तो तुझे बीसों चाहने वाले मिलेंगे! चोरी क्यों करती है?"—प्रकाश ने कहा।

एक बार पगली का पागलपन, लाल वस्त्र पहनकर उसकी आँखों में नाच उठा। उसने आम तोड़-तोड़कर प्रकाश के क्षय-जर्जर हृदय पर खींचकर मारते हुए गिना—एक-दो-तीन! प्रकाश तकिये पर चित्त लेटकर हिचकियाँ लेने लगा और पगली हँसते हुए गिनने लगी—एक-दो-तीन। उसकी प्रतिध्वनि अमराई में गूँज उठी।

•

कला

उसके पिता ने बड़े दुलार से उसका नाम रखा था–'कला'। नवीन इंदुकला-सी वह आलोकमयी और आँखों की प्यास बुझाने वाली थी। विद्यालय में सबकी दृष्टि उस सरल बालिका की ओर घूम जाती थी; परन्तु रूपनाथ और रसदेव उसके विशेष भक्त थे। कला भी कभी-कभी उन्हीं दोनों से बोलती थी, अन्यथा वह एक सुंदर नीरवता ही बनी रहती।

तीनों एक-दूसरे से प्रेम करते थे, फिर भी उनमें डाह थी। वे एक-दूसरे को अधिकाधिक अपनी ओर आकर्षित देखना चाहते थे। छात्रावास में और बालकों से उनका सौहार्द नहीं। दूसरे बालक और बालिकाएँ आपस में इन तीनों की चर्चा करते।

कोई कहता–"कला तो इधर आँख उठाकर देखती भी नहीं।"

दूसरा कहता–"रसदेव पागल है। उसके भीतर न जाने कितनी हलचल है। उसकी आँखों में निश्छल अनुराग है; पर कला को जैसे सबसे अधिक प्यार करता है।"

उन तीनों को इधर ध्यान देने का अवकाश नहीं। वे छात्रावास की फुलवारी में, अपनी धुन में मस्त विचरते थे। सामने गुलाब के फूल पर एक नीली तितली बैठी थी। कला उधर देखकर गुनगुना रही थी। उसकी सजन स्वर-लहरी अवगुंठित हो रही थी। पतले-पतले अधरों से बना हुआ छोटे-से मुँह का अवगुंठन उसे ढँकने में असमर्थ था। रूप एकटक देख रहा था और रस नीले आकाश में आँखें गड़ाकर उस गुंजार की मधुर श्रुति में काँप रहा था।

रूप ने कहा–"आह, कला! जब तुम गुनगुनाने लगती हो, तब तुम्हारे अधरों में कितनी लहरें खेलती हैं। भँवें जैसे अभिव्यक्ति के मंच पर चढ़ती-उतरती कितनी अमिट रेखाएँ हृदय पर बना देती हैं।" रूप की बातें सुनकर कला ने

गुनगुनाना बंद कर दिया। रस ने व्याघात समझकर भ्रू-भंग-सहित उसकी ओर देखा।

कला ने कहा–"अब मैं घर जाऊँगी, मेरी शिक्षा समाप्त हो चुकी।"

दोनों लुट गये। रूप ने कहा–"मैं तुम्हारा चित्र बनाकर उसकी पूजा करूँगा।"

रस ने कहा–"भला तुम्हें कभी भूल सकता हूँ।"

कला चली गई। एक दिन वसंत के गुलाब खिले थे, सुरभि से छात्रावास का उद्यान भर रहा था। रूपनाथ और रसदेव बैठे हुए कला की बातें कर रहे थे। रूपनाथ ने कहा–"उसका रूप कितना सुन्दर है!"

रसदेव ने कहा–"और उसके हृदय के सौंदर्य का तो तुम्हें ध्यान ही नहीं।"

"हृदय का सौंदर्य ही तो आकृति ग्रहण करता है, तभी मनोहरता रूप में आती है।"

"परन्तु कभी-कभी हृदय की अवस्था आकृति से नहीं खुलती, आँखें धोखा खाती हैं।"

"मैं रूप से हृदय की गहराई नाप लूँगा। रसदेव, तुम जानते हो कि मैं रेखाविज्ञान में कुशल हूँ। मैं चित्र बनाकर उसे जब चाहूँगा, प्रत्यक्ष कर लूँगा। उसका वियोग मेरे लिए कुछ भी नहीं है।"

"आह! रूपनाथ! तुम्हारी आकांक्षा साधन-सापेक्ष है। भीतर की वस्तु को बाहर लाकर संसार की दूषित वायु से उसे नष्ट होने के लिए।..."

"चुप रहो, तुम मन-ही-मन गुनगुनाया करो। कुछ है भी तुम्हारे हृदय में? कुछ खोलकर कह या दिखला सकते हो?"–कहकर रूपनाथ उठकर जाने लगा।

क्षुब्ध होकर उसका कंधा पीछे से पकड़ते हुए रसदेव ने कहा–"तो उसकी उपासना करने में असमर्थ हूँ?"

रूपनाथ अवहेलना में देखता हुआ मुसकराता चला गया।

काल के विशृंखल पवन ने उन तीनों को जगत् के अंचल पर बिखेर दिया, पर वे सदैव एक-दूसरे को स्मरण करते रहे। रूपनाथ एक चतुर चित्रकार बन गया। केवल कला का चित्र बनाने के लिए अपने अभ्यास को उसने और भी प्रखर कर लिया। वह अपनी प्रेम-छवि की पूजा के नित्य नये उपकरण जुटाता। वह पवन के थपेड़े से मुँह फेरे हुए फूलों का शृंगार, चित्रपटी के जंगलों को

देता। उसकी तूलिका से जड़ होकर भीतरी आंदोलनों से बाह्य दृश्य अनेक सुन्दर आकृतियों की विकृतियों में स्थायी बना दिये जाते। उसकी बड़ी ख्याति थी। फिर भी उसका गर्वस्फीत सिर अपनी चित्रशाला में आकर न जाने क्यों नीचे झुक जाता। वह अपने अभाव को जानता था, पर किसी से कहता न था। वह आज भी कला का अपने मनोनुकूल चित्र नहीं बना पाया।

रसदेव का जीवन नीरव निकुंजों में बीत रहा था। वह चुपचाप रहता। नदी-तट पर बैठे हुए उस पार की हरियाली देखते-देखते अंधकार का परदा खींच लेना, यही उसकी दिनचर्या थी, और नक्षत्र-माला-सुशोभित गगन के नीचे अवाक्, निस्पंद पड़े हुए, सकुतूहल आँखों से जिज्ञासा करती उसकी रात्रिचर्या।

कुछ संगीतों की असंगति और कुछ अस्पष्ट छाया उसके हृदय की निधि थी, पर लोग उसे निकम्मा, पागल और आलसी कहते। एकाएक रजनी में सरिता कलोल करती हुई बही जा रही थी। रसदेव ने कल्पना के नेत्रों से देखा, अकस्मात् नदी का जल स्थिर हो गया और अपने मरकत-मृणाल पर एक सहस्रदल मणि-पद्म जल-तल के ऊपर आकर नैशपवन में झूमने लगा। लहरों में स्वर के उपकरण से मूर्ति बनी, फिर नूपुरों की झनकार होने लगी। धीर मंथर गति से तरल आस्तरण पर पैर रखते हुए एक छवि आकर उस कमल पर बैठ गई।

रसदेव बड़बड़ा उठा। वह काली रजनी वाले दुष्ट दिनों की दुःख-गाथा और आज की वैभवशालिनी निशा की सुख-कथा मिलाकर कुछ कहने लगा। वह छवि सुनती-सुनती मुसकराने लगी, फिर चली गई। नूपुरों की मधुर-मधुर ध्वनि अपने संगीत का आधार उसे देती गई। विश्व का रूप रसमय हो गया। आकृतियों का आवरण हट गया। रसदेव की आँखें पारदर्शी हो गईं। आज रसदेव के हृदय की अव्यक्त ध्वनि सार्थक हो गई। वह कोमल पदावली गाने लगा।

नगर में आज बड़ी धूम-धाम है। जिसे देखो रंगशाला की ओर दौड़ा जा रहा है। रंगशाला के विशिष्ट मंच पर संपन्न चित्रकार रूपनाथ, ठाठबाट से बैठा है। धनी, शिक्षित और अधिकारी लोग अपने आसनों पर जमे हैं! वीणा और मृदंग की मधुर-मधुर ध्वनि के साथ अभिनेत्री ने यवनिका उठते ही पदार्पण किया। नूपुर की झनकारों की लहर ठहर-ठहरकर उठने लगी। उँगली और कलाई, कटि और बाहुमूल स्वर की मरोर से बल खा रहे थे। लोगों ने कहा—"देखने की वस्तु आज ही दिखलाई पड़ी। जीवन का सबसे बड़ा लाभ आज ही मिला।"

कितने सहृदय अपने उछलते हुए हृदय को हाथों से दबाये थे। शालीनता उनके लिए विपत्ति बन गई थी।

चित्रकार का अंधभक्त धनकुबेर भी पास ही बैठा था। उसने कहा–"रूपनाथ, इसका एक सुन्दर चित्र बनाकर तुम मुझे दे सकोगे?"

चित्रकार ने देखा, एक अतुलनीय छविराशि! तूलिका इसके समीप पहुँच सकेगी? वह आँखों में अंकित करने लगा। सहसा अभिनेत्री के अधर खुल पड़े। नृत्य-श्वास-श्लथ-प्रश्वास क्षणभर के लिए रुके, बाँसुरी बज उठी। वागेश्वरी के स्वरों के कम्पन की लहरें ज्योति-सी बिखरने लगीं। चित्रकार पुकार उठा–"कला!"

परन्तु यह क्या, उसने देखा, कला सजीव चित्र थी। उसकी पूर्णता स्वर-कंपन के ज्योति-मंडल में ओत-प्रोत थी। उसने पागलों की तरह चिल्लाकर कहा–"मैं असफल हूँ। मैं इस भाव को रूप नहीं दे सकूँगा।" वह उठकर चला गया।

कंगाल रसदेव भी पीछे के मंच पर अपने एक साथी के साथ बैठा था। उसने कहा–"रसदेव, यह तो तुम्हारी बनाई हुई, 'स्मृति' नाम की कविता गा रही है; तुम्हारी रसमयी भावुकता ही इस स्वर्गीय संगीत का केंद्र है, आत्मा है। जैसे वर्णमाला पहनकर आलोक-शिखा नृत्य कर रही है।"

संगीत में उस समय विश्राम था। अभिनेत्री ने वीणा और मृदंग को संकेत से रोककर मूक अभिनय आरंभ कर दिया था। अपने झलमले अंचल को माया-जाल के समान फैलाकर स्मृति की प्रत्यक्ष अनुभूति बन रही थी। कवि की मधुर वाणी उसे सुनाई पड़ी। कवि रसदेव ने अपने साथी से हँसते हुए कहा–"इसकी अंतिम और मुख्य पदावली यह भूल गई, उसका अर्थ है–मेरी भूल ही तेरा रहस्य है, इसीलिए कितनी कल्पनाओं में तुझे खोजता हूँ, देखता हूँ, हे मेरे चिर सुंदर!"

वह स्मृति में जैसे जग पड़ी। उसने सतृष्ण दृष्टि से उस कहने वाले को खोजा और अपने बधाई के फूल–विजयमाला–उस दूर खड़े कंगाल कवि के चरणों में श्रद्धांजलि के सदृश बिखेरने चाहे।

रसदेव ने गर्वस्फीत सिर झुका दिया।

•

देवदासी

1

‘...’

1-3-25

प्रिय रमेश!

परदेश में किसी अपने के घर लौट आने का अनुरोध बड़ी सांत्वना देता है, परंतु अब तुम्हारा मुझे बुलाना एक अभिनय-सा है। हाँ, मैं कटुक्ति करता हूँ, जानते हो क्यों? मैं झगड़ना चाहता हूँ, क्योंकि संसार में अब मेरा कोई नहीं है, मैं उपेक्षित हूँ। सहसा अपने का-सा स्वर सुनकर मन में क्षोभ होता है। अब मेरा घर लौटकर आना अनिश्चित है। मैंने ‘...’ के हिंदी-प्रचार-कार्यालय में नौकरी कर ली है। तुम तो जानते ही हो कि मेरे लिए प्रयाग और ‘...’ बराबर हैं। अब अशोक विदेश में भूखा न रहेगा। मैं पुस्तक बेचता हूँ।

यह तुम्हारा लिखना ठीक है कि एक आने का टिकट लगाकर पत्र भेजना मुझे अखरता है। पर तुम्हारे गाल यदि मेरे समीप होते, तो उन पर पाँचों नहीं तो मेरी तीन उँगलियाँ अपना चिह्न अवश्य बना देतीं; तुम्हारा इतना साहस—मुझे लिखते हो कि बैरिंग पत्र भेज दिया करो! ये सब गुण मुझमें होते, तो मैं भी तुम्हारी तरह प्रेस में प्रूफ-रीडर का काम करता होता। सावधान, अब कभी ऐसा लिखोगे, तो मैं उत्तर भी न दूँगा।

लल्लू को मेरी ओर से प्यार कर लेना। उससे कह देना कि पेट से बचा सकूँगा, तो एक रेलगाड़ी भेज दूँगा।

यद्यपि अपनी यात्रा का समाचार बराबर लिखकर मैं तुहारा मनोरंजन न कर सकूँगा, तो भी सुन लो। ‘...’ में एक बड़ा पर्व है, वहाँ ‘...’ का देव-मंदिर बड़ा प्रसिद्ध है। तुम तो जानते होगे कि दक्षिण में कैसे-कैसे दर्शनीय देवालय

हैं, उनमें भी यह प्रधान है। मैं कार्यालय की पुस्तकें बेचने के लिए जा रहा हूँ।

तुम्हारा,
अशोक

पुनश्च–
मुझे विश्वास है कि मेरा पता जानने के लिए कोई उत्सुक न होगा। फिर भी सावधान! किसी पर प्रकट न करना।

2

'...'
10-3-25

प्रिय रमेश!

रहा नहीं गया! लो सुनो–मंदिर देखकर हृदय प्रसन्न हो गया, ऊँचा गोपुरम्, सुदृढ़ प्राचीर, चौड़ी परिक्रमाएँ और विशाल सभा-मंडप भारतीय स्थापत्य-कला के चूड़ांत निदर्शन हैं। यह देव-मंदिर हृदय पर गंभीर प्रभाव डालता है। हम जानते हैं कि तुम्हारे मन में यहाँ के पंडों के लिए प्रश्न होगा, फिर भी वे उत्तरीय भारत से बुरे नहीं हैं। पूजा और आरती के समय एक प्रभावशाली वातावरण हृदय को भारावनत कर देता है।

मैं कभी-कभी एकटक देखता हूँ–उन मंदिरों को ही नहीं, किंतु उस प्राचीन भारतीय संस्कृति को, जो सर्वोच्च शक्ति को अपनी महत्ता, सौन्दर्य और ऐश्वर्य के द्वारा व्यक्त करना जानती थी। तुमसे कहूँगा, यदि कभी रुपये जुटा सको, तो एक बार दक्षिण के मंदिरों को अवश्य देखना, देव-दर्शन की कला यहाँ देखने में आती है। एक बात और है, मैं अभी बहुत दिनों तक यहाँ रहूँगा। मैं यहाँ की भाषा भली-भाँति बोल लेता हूँ। मुझे परिक्रमा के भीतर ही एक कोठरी संयोग से मिल गई है। पास में ही एक कुआँ भी है। मुझे प्रसाद भी मंदिर से ही मिला है। मैं बड़े चैन से हूँ। यहाँ पुस्तकें बेच भी लेता हूँ, सुंदर चित्रों के कारण पुस्तकों की अच्छी बिक्री हो जाती है। गोपुरम् के पास ही मैं दुकान फैला देता हूँ और महिलाएँ मुझसे पुस्तकों का विवरण पूछती हैं। गुझे रामझाने में बड़ा आनन्द आता है। पास ही बड़े सुंदर-सुंदर दृश्य हैं–नदी, पहाड़ और जंगल–सभी तो हैं। मैं कभी-कभी घूमने भी चला जाता हूँ। परंतु उत्तरीय भारत के समान

यहाँ के देवविग्रहों के समीप हम लोग नहीं जा सकते। दूर से ही दीपालोक में उस अचल मूर्ति की झाँकी हो जाती है। यहाँ मंदिरों में संगीत और नृत्य का भी आनंद रहता है। बड़ी चहल-पहल है। आजकल यात्रियों के कारण और भी सुंदर-सुंदर प्रदर्शन होते हैं।

तुम जानते हो कि मैं अपना पत्र इतना सविस्तार क्यों लिख रहा हूँ!—तुम्हारे कृपण और संकुचित हृदय में उत्कंठा बढ़ाने के लिए! मुझे इतना ही सुख सही।

तुम्हारा,
अशोक

3

'...'
17-3-25

प्रिय रमेश!

समय का उलाहना देने की प्राचीन प्रथा को मैं अच्छा नहीं समझता। इसलिए जब वह शुष्क माँसपेशी अलग दिखाने वाला, चौड़ी हड्डियों का अपना शरीर लठिया के बल पर टेकता हुआ, चिदंबरम् नाम का पंडा मेरे समीप बैठकर अपनी भाषा में उपदेश देने लगता है, तो मैं घबरा जाता हूँ। वह समय का एक दुर्दृश्य चित्र खींचकर, अभाव और आपदाओं का उल्लेख करके विभीषिका उत्पन्न करता है। मैं उनसे मुक्त हूँ; भोजन मात्र के लिए अर्जन करके संतुष्ट घूमता हूँ—सोता हूँ। मुझे समय की क्या चिंता है। पर मैं यह जानता हूँ कि वही मेरा सहायक है—मित्र है, इतनी आत्मीयता दिखलाता है कि मैं उसकी उपेक्षा नहीं कर सकता। अहा, एक बात तो लिखना मैं भूल ही गया था! उसे अवश्य लिखूँगा। क्योंकि तुम्हारे सुने बिना मेरा सुख अधूरा रहेगा। मेरे सुख को मैं ही जानूँ, तब उसमें धरा ही क्या है, जब तुम्हें उसकी डाह न हो! तो सुनो—

सभा-मंडप के शिल्प-रचनापूर्ण स्तंभ से टिकी हुई एक उज्ज्वल श्यामवर्ण की बालिका को अपनी पतली बाहुलता के सहारे घुटनों को छाती से लगाये प्रायः बैठी हुई देखता हूँ। स्वर्ण-मल्लिका की माला उसके जूड़े से लगी रहती है। प्रायः वह कुसुमाभरण-भूषिता रहती है। उसे देखने का मुझे चस्का लग गया है। वह मुझसे हिंदी सीखना चाहती है। मैं तुमसे पूछता हूँ कि उसे पढ़ाना आरंभ कर दूँ? उसका नाम है पद्मा। चिदंबरम् और पद्मा में खूब पटती है, वह हिरनी

की तरह झिझकती भी है। पर न जाने क्यों मेरे पास आ बैठती है, मेरी पुस्तकें उलट-पलट कर देती है। मेरी बातें सुनते-सुनते वह ऐसी हो जाती है, जैसे कोई आलाप ले रहा हो और मैं प्रायः आधी बात कहते-कहते रुक जाता हूँ। इसका अनुभव मुझे तब होता है, जब मेरे दृष्टि-पथ से वह हट जाती है। उसे देखकर मेरे हृदय में कविता करने की इच्छा होती है, यह क्यों? मेरे हृदय का सोता हुआ सौंदर्य जाग उठता है। तुम मुझे नीच समझोगे और कहोगे कि अभागे अशोक के हृदय की स्पर्द्धा तो देखो! पर मैं सच कहता हूँ, उसे देखने पर मैं अनंत ऐश्वर्यशाली हो जाता हूँ।

हाँ, वह मंदिर में नाचती और गाती है। और भी बहुत-सी हैं, पर मैं कहूँगा, वैसी एक भी नहीं। लोग उसे देवदासी पद्‌मा कहते हैं, वे अधम हैं; वह देवबाला पद्‌मा है!

वही,
अशोक

4

'...'
28-3-25

प्रिय रमेश!

तुम्हारा उलाहना निस्सार है। मैं इस समय केवल पद्‌मा को समझ सकता हूँ। फिर अपने या तुम्हारे कुशल-मंगल की चर्चा क्यों करूँ? तुम उसका रूप-सौंदर्य पूछते हो, मैं उसका विवरण देने में असमर्थ हूँ। हृदय में उपमाएँ नाचकर चली जाती हैं, ठहरने नहीं पातीं कि मैं लिपि-बद्ध करूँ। वह एक ज्योति है, जो अपनी महत्ता और आलोक में अपना अवयव छिपाए रखती है। केवल तरल, नील, शुभ्र और करुण आँखें मेरी आँखों से मिल जाती हैं, मेरी आँखों में श्यामा कादंबिनी की शीतलता छा जाती है। और संसार के अत्याचारों से निराश इस झंझरीदार कलेजे के वातायन से वह स्निग्ध मलयानिल के झोंके की तरह घुस आती है। एक दिन की घटना लिखे बिना नहीं रहा जाता–

मैं अपनी पुस्तकों की दुकान फैलाये बैठा था। गोपुरम् के समीप ही वह कहीं से झपटी हुई चली आती थी। दूसरी ओर से एक युवक उसके सामने आ खड़ा हुआ। वह युवक, मंदिर का कृपा-भाजन एक धनी दर्शनार्थी था; यह बात

उसके कानों के चमकते हुए हीरे के 'टप' से प्रकट थी। वह बेरोक-टोक मंदिर में चाहे जहाँ आता-जाता है। मंदिर में प्रायः लोगों को उससे कुछ मिलता है; सब उसका सम्मान करते हैं। उसे सामने देखकर पद्मा को खड़ी होना पड़ा। उसने बड़ी नीच मुखाकृति से कुछ बातें कहीं, किंतु पद्मा कुछ न बोली। फिर उसने स्पष्ट शब्दों में रात्रि को अपने मिलने का स्थान निर्देश किया। पद्मा ने कहा—'मैं नहीं आ सकूँगी।' वह लाल-पीला होकर बकने लगा। मेरे मन में क्रोध का धक्का लगा, मैं उठकर उसके पास चला आया। वह मुझे देखकर हटा तो, पर कहता गया कि—'अच्छा, देख लूँगा!'

उस नील-कमल से मकरंद-बिंदु टपक रहे थे, मेरी इच्छा हुई कि वह मोती बटोर लूँ। पहली बार मैंने उन कपोलों पर हाथ लगाकर उन्हें लेना चाहा। आह, उन्होंने वर्षा कर दी! मैंने पूछा—'उससे तुम इतनी भयभीत क्यों हो?'

'मंदिर में दर्शन करने वालों का मनोरंजन करना मेरा कर्त्तव्य है; मैं देवदासी हूँ!'—उसने कहा।

'यह तो बड़ा अत्याचार है। तुम क्यों यहाँ रहकर अपने को अपमानित करती हो?'—मैंने कहा।

'कहाँ जाऊँ, मैं देवता के लिए उत्सर्ग कर दी गई हूँ।'—उसने कहा।

'नहीं-नहीं, देवता तो क्या राक्षस भी मानव-स्वभाव की बलि नहीं लेता—वह तो रक्त-माँस से ही संतुष्ट हो जाता है। तुम अपनी आत्मा और अन्तःकरण की बलि क्यों करती हो?'—मैंने कहा।

'ऐसा न कहो, पाप होगा; देवता रुष्ट होंगे।'—उसने कहा।

'पापों को देवता खोजें, मनुष्य के पास कुछ पुण्य भी है, पद्मा! तुम उसे क्यों नहीं खोजती हो? पापों का न करना ही पुण्य नहीं। तुम अपनी आत्मा की अधिकारिणी हो, अपने हृदय की तथा शरीर की संपूर्ण स्वामिनी हो, मत डरो। मैं कहता हूँ कि इससे देवता प्रसन्न होंगे; आशीर्वाद की वर्षा होगी।'—मैंने एक साँस में कहकर देखा कि उसके मस्तक में उज्ज्वलता आ गई है, वह एक स्फूर्ति का अनुभव करने लगी है। उसने कहा—'अच्छा, तो फिर मिलूँगी।'

वह चली गई। मैंने देखा कि बूढ़ा चिदंबरम् मेरे पीछे खड़ा मुसकरा रहा है। मुझे क्रोध भी आया पर कुछ न बोलकर, मैंने पुस्तक बटोरना आरंभ किया।

तुम कुछ अपनी सम्मति दोगे?

—अशोक

5

'...'

1-4-25

प्रिय रमेश!

कल संगीत हो रहा था। मंदिर आलोक-माला से सुसज्जित था। नृत्य करती हुई पद्मा गा रही थी 'नास-समेतं वृत-संकेतं वाद्यते मृदु-वेणुं...।' ओह! वे संगीत-मदिरा की लहरें थीं। मैं उनमें ऊभ-चूभ होने लगा। उसकी कुसुम-आभरण से भूषित अंगलता के संचालन से वायुमंडल सौरभ से भर जाता था। वह विवश थी, जैसे कुसुमिता लता तीव्र पवन के झोंके से रागों के स्वर का स्पंदन उसके अभिनय में था। लोग उसे विस्मय-विमुग्ध देखते थे। पर न जाने क्यों, मेरे मन में उद्वेग हुआ, मैं जाकर अपनी कोठरी में पड़ रहा। आज कार्यालय से लौट आने के लिए पत्र आया था। उसी को विचारता हुआ कब तक आँखें बन्द किए पड़ा रहा, मुझे विदित् नहीं, सहसा साँय-साँय, फुस-फुस का शब्द सुनाई पड़ा; मैं ध्यान लगाकर सुनने लगा।

ध्यान देने पर मैं जान गया कि दो व्यक्ति बातें कर रहे थे। चिदंबरम् और रामस्वामी नाम का वही धनी युवक। मैं मनोयोग से सुनने लगा–

चिदंबरम्–तुमने आज तक उसकी इच्छा के विरुद्ध बड़े-बड़े अत्याचार किये हैं, अब जब वह नहीं चाहती, तो तुम उसे क्यों सताते हो?

रामस्वामी–सुनो चिदंबरम्, सुंदरियों की कमी नहीं; पर न जाने क्यों मेरा हृदय उसे छोड़कर दूसरी ओर नहीं जाता। वह इतनी निरीह है कि उसे मसलने में आनंद आता है! एक बार उससे कह दो, मेरी बातें सुन ले, फिर जो चाहे करे।

चिदंबरम्' चला गया और उसकी बातें बंद हुईं। और सच कहता हूँ, मंदिर से मेरा मन प्रतिकूल होने लगा। पैरों के शब्द हुए, वही जैसे रोती हुई बोली–'रामस्वामी, मुझ पर दया न करोगे?' ओह! कितनी वेदना थी उसके शब्दों में। परंतु रामस्वामी के हृदय में तीव्र ज्वाला जल रही थी। उसके वाक्यों में लू-जैसी झुलस थी। उसने कहा–'पद्मा! यदि तुम मेरे हृदय की ज्वाला समझ सकतीं, तो तुम ऐसा न कहतीं। मेरे हृदय की तुम अधिष्ठात्री हो, तुम्हारे बिना मैं जी

नहीं सकता। चलो, मैं देवता का कोप सहने के लिए प्रस्तुत हूँ, मैं तुम्हें लेकर कहीं चला चलूँगा।'

'देवता का निर्माल्य तुमने दूषित कर दिया है, पहले इसका तो प्रायश्चित करो। मुझे केवल देवता के चरणों में मुरझाये हुए फूल के समान गिर जाने दो। रामस्वामी, ऐसा स्मरण होता है कि मैं तुम्हें चाहने लगी थी। उस समय मेरे मन में यह विश्वास था कि देवता यदि पत्थर के न होंगे, तो समझेंगे कि यह मेरे माँसल यौवन और रक्तपूर्ण हृदय की साधारण आवश्यकता है। मुझे क्षमा कर देंगे। परंतु मैं यदि वैसा पुण्य परिणय कर सकती! आह! तुम इस तपस्वी की कुटी समान हृदय में इतना सौंदर्य लेकर क्यों अतिथि हुए! रामस्वामी, तुम मेरे दुखों के मेघ में वज्रपात थे।'

पद्मा रो रही थी। सन्नाटा हो गया। सहसा जाते-जाते रामस्वामी ने कहा—'मैं तुम्हारे बिना नहीं रह सकता।' रमेश! मैं भी पद्मा के बिना नहीं रह सकता; मैंने भी कार्यालय में त्याग-पत्र भेज दिया है। भूखों मरूँगा, पर उपाय क्या है?

—अभागा अशोक

6

'...'

2-4-25

रमेश!

मैं बड़ा विचलित हो रहा हूँ। एक कराल छाया मेरे जीव पर पड़ रही है! अदृष्ट मुझे अज्ञात पथ पर खींच रहा है, परंतु तुमको लिखे बिना नहीं रह सकता।

मधुमास में जंगली फूलों की भीनी-भीनी महक सरिता के कूल की शैलमाला को आलिंगन दे रही थी। मक्खियों की भन्नाहट का कलनाद गुंजरित हो रहा था। नवीन पल्लवों के कोमल स्पर्श से वनस्थली पुलकित थी। मैं जंगली जर्द चमेली के अकृत्रिम कुंज के अंतराल में बैठा, नीचे बहती हुई नदी के साथ वसंत की धूप का खेल देख रहा था। हृदय में आशा थी। आह! वह अपने तुहिन-जाल से रत्नाकर के सब रत्नों को, आकाश से सब मुक्ताओं को निकाल, खींचकर मेरे चरणों में उझल देती थी। प्रभात की पीली किरणों से हेमगिरि को घसीट ले आती थी; और ले आती थी पद्मा की मौन प्रणय-स्वीकृति। मैं भी आज

वन-यात्रा के उत्सव में देवता के भोग-विग्रह के साथ इस वनस्थली में आया था। बहुत-से नागरिक भी आये थे। देव-विग्रह विशाल वट-वृक्ष के नीचे स्थित हुआ और यात्री-दल इधर-उधर नदी-तट के नीचे शैलमाला, कुंजों, गह्वरों और घाटियों की हरियाली में छिप गया। लोग आमोद-प्रमोद, पान-भोजन में लग गये। हरियाली के भीतर से कहीं पिकलू, कहीं क्लारेनेट और देवदासियों के कोकिल-कंठ का सुंदर स्वर निकलने लगा। वह कानन नंदन हो रहा था और मैं उसमें विचरने वाला एक देवता। क्यों? मेरा विश्वास था कि देवबाला पद्मा यहाँ है। वह भी देव-गृह के आगे-आगे नृत्य-गान करती हुई आई थी।

मैं सोचने लगा–'आह! वह समय भी आयेगा, जब मैं पद्मा के साथ एकान्त में इस कानन में विचरूँगा। वह पवित्र–वह मेरे जीवन का महत्तम योग कब आएगा?' आशा ने कहा–'उसे आया समझो।' मैं मस्त होकर वंशी बजाने लगा। आज मेरी बाँस की बाँसुरी में बड़ा उन्माद था। वंशी नहीं, मेरा हृदय बज रहा था। चिदंबरम्–आकर मेरे सामने खड़ा हो गया। वह भी मुग्ध था। उसने कभी मेरी बाँसुरी नहीं सुनी थी। जब मैंने अपनी आसावरी बंद की, वह बोल उठा–'अशोक, तुम एक कुशल कलावंत हो।' कहना न होगा कि वह देवदासियों का संगीत-शिक्षक भी था। वह चला गया और थोड़ी ही देर में पद्मा को साथ लिए आया। उसके हाथों में भोजन का सामान भी था। पद्मा को उसने उत्तेजित कर दिया था। वह आते ही बोली–'मुझे भी सुनाओ।' जैसे मैं स्वप्न देखने लगा। पद्मा और मुझसे अनुनय करे! मैंने कहा–'बैठ जाओ।' और जब वह कुसुम-कंकण मंडित करों पर कपोल धरकर मल्लिका की छाया में आ बैठी, तो मैं बजाने लगा। रमेश, मैंने वंशी नहीं बजाई! सच कहता हूँ, मैं अपनी वेदना श्वासों से निकाल रहा था। इतनी करुण, इतनी स्निग्ध, मैं तानें ले-लेकर उसमें स्वयं पागल हो जाता था। मेरी आँखों में मदविकार था, मुझे उस समय अपनी पलकें बोझ मालूम होती थीं।

बाँसुरी रखने पर भी उसकी प्रतिध्वनि का सोहाग वन-लक्ष्मी के चारों ओर घूम रहा था। पद्मा ने कहा–'सुन्दर! तुम सचमुच अशोक हो!' वन-लक्ष्मी पद्मा अचल थी। मुझे एक कविता सूझी! मैंने कहा–'पद्मा! मैं कठोर पृथ्वी का अशोक, तुम तरल जल की पद्मा! भला अशोक के राग-रक्त के नव-पल्लवों में पद्मा का विकास कैसे होगा?'

बहुत दिनों पर पद्मा हँस पड़ी। उसने कहा–'अशोक, तुम लोगों की वचन-चातुरी सीखूँगी। कुछ खा लो।' वह देती गई, मैं खाता गया। जब हम स्वस्थ होकर बैठे तो देखा, चिदंबरम् चला गया है, पद्मा नीचे सिर किये अपने नखों को खुरच रही है। हम लोग सबसे ऊँचे कगारे पर थे। नदी की ओर ढालुवाँ पहाड़ी कगार था! मेरे सामने संसार एक हरियाली थी। सहसा रामस्वामी ने आकर कहा–'पद्मा, आज मुझे मालूम हुआ कि तुम उत्तरी दरिद्र पर मरती हो।' पद्मा ने छलछलाई आँखों से उसकी ओर देखकर कहा–'रामस्वामी! तुम्हारे अत्याचारों का कहीं अंत है?'

'सो नहीं हो सकता। उठो, अभी मेरे साथ चलो।'

'ओह! नहीं, तुम क्या मेरी हत्या करोगे? मुझे भय लगता है!'

'मैं कुछ नहीं करूँगा, चलो, मैं इसके साथ तुम्हें नहीं देख सकता।' कहकर उसने पद्मा का हाथ पकड़कर घसीटा। वह कातर दृष्टि से मुझे देखने लगी। उस दृष्टि में जीवन भर के लिए किये गये अत्याचारों का विवरण था। उन्मत्त पिशाच-सदृश बल से मैंने रामस्वामी को धक्का दिया। और मैंने हतबुद्धि होकर देखा, वह तीन सौ फीट नीचे चूर होता हुआ नदी के खरस्रोत में जा गिरा, यद्यपि मेरी वैसी इच्छा न थी। पद्मा ने आकर मेरी ओर भयपूर्ण नेत्रों से देखा और अवाक्! उसी समय चिदंबरम् ने मेरा हाथ पकड़ लिया। पद्मा से कहा–'तुम देवदासियों में जाकर मिलो। सावधान! एक शब्द भी मुँह से न निकले। मैं अशोक को लेकर नगर की ओर जाता हूँ।' वह बिना उत्तर की प्रतीक्षा किये मुझे घसीटता ले चला। मैं नहीं जानता कि मैं कैसे घर पहुँचा। मैं कोठरी में अचेत पड़ा रहा। रात भर वैसे ही रहा। प्रभात होते ही तुम्हें पत्र लिख रहा हूँ। मैंने क्या किया! रमेश! तुम कुछ लिखो, मैं क्या करूँ!

–अधम अशोक

7

'...'

8-4-25

प्रिय रमेश!

तुम्हारा यह लिखना कि 'सावधान बनो! पत्र में ऐसी बातें अब न लिखना।' व्यर्थ है। मुझे भय नहीं, जीवन की चिंता नहीं।

नगर-भर में केवल यही जनश्रुति फैली है कि 'रामस्वामी उस दिन से कहीं चला गया है और वह पद्मा के प्रेम से हताश हो गया था।' मैं किंकर्त्तव्यविमूढ़ हूँ। चिदंबरम् मुझे दो मुट्ठी भात खिलाता है। मैं मंदिर के विशाल प्रांगण में कहीं-न-कहीं बैठा रहता हूँ। चिदंबरम् जैसे मेरे उस जन्म का पिता है। परंतु पद्मा, अहा! उस दिन से मैंने उसे गाते और नाचते नहीं देखा। वह प्रायः सभा-मंडप के स्तंभ से टिकी हुई, दोनों हाथों में अपने एक घुटने को छाती पर लगाये अर्द्ध स्वप्नावस्था में बैठी रहती है। उसका मुख विवर्ण, शरीर क्षीण, पलक, अपांग और उसके श्वास में यांत्रिक स्पंदन है। नये यात्री कभी-कभी उसे देखकर भ्रम करते होंगे कि वह भी कोई प्रतिमा है। और मैं सोचता हूँ कि मैं हत्यारा हूँ। स्नेह से स्नान कर लेता हूँ, घृणा से मुँह ढँक लेता हूँ। उस घटना के बाद से हम तीनों में कभी इसकी चर्चा नहीं हुई। क्या सचमुच पद्मा रामस्वामी को चाहती थी? मेरे प्यार ने भी उसका अपकार ही किया, और मैं? ओह! वह स्वप्न कैसा सुंदर था!

रमेश! मैं देवता की ओर देख भी नहीं सकता। सोचता हूँ कि मैं पागल हो जाऊँगा। फिर मन में आता है कि पद्मा भी बावली हो जाएगी। परंतु मैं पागल न हो सकूँगा; क्योंकि मैं पद्मा से कभी अपना प्रणय नहीं प्रकट कर सका। उससे एक बार कह देने की कामना है—पद्मा, मैं तुम्हारा प्रेमी हूँ। तुम मेरे लिए सुहागिनी के कुंकुम-बिंदु के समान पवित्र, इस मंदिर के देवता की तरह भक्ति की प्रतिमा और मेरे दोनों लोक की निगूढ़तम आकांक्षा हो।

पर वैसा होने का नहीं। मैं पूछता हूँ कि पद्मा और चिदंबरम् ने मुझे फाँसी क्यों नहीं दिलायी?

रमेश! अशोक विदा लेता है। वह पत्थर के मंदिर का एक भिखारी है। अब वैसा नहीं कि तुम्हें पत्र लिखूँ और किसी से माँगूँगा भी नहीं। अधम, नीच अशोक लल्लू को किस मुँह से आशीर्वाद दे?

—हतभाग्य अशोक

•

समुद्र-संतरण

क्षितिज में नील जलधि और व्योम का चुम्बन हो रहा है। शांत प्रदेश में शोभा की लहरियाँ उठ रही हैं। गोधूलि का करुण प्रतिबिंब, बेला की बालुकामयी भूमि पर दिगंत की तीक्षा का आह्वान कर रहा है।

नारिकेल के निभृत कुंजों में समुद्र का समीर अपना नीड़ खोज रहा था। सूर्य लज्जा या क्रोध से नहीं, अनुराग से लाल, किरणों से शून्य, अनंत रसनिधि में डूबना चाहता है। लहरियाँ हट जाती हैं। अभी डूबने का समय नहीं है, खेल चल रहा है।

सुदर्शन प्रकृति के उस महाअभिनय को चुपचाप देख रहा है। इस दृश्य में सौंदर्य का करुण संगीत था। कला का कोमल चित्र नील-धवल लहरों में बनता-बिगड़ता था। सुदर्शन ने अनुभव किया कि लहरों में सौर-जगत झोंके खा रहा है। वह उसे नित्य देखने आता; परंतु राजकुमार के वेश में नहीं। उसके वैभव के उपकरण दूर रहते। वह अकेला साधारण मनुष्य के समान इसे देखता, निरीह छात्र के सदृश इस गुरु दृश्य से कुछ अध्ययन करता। सौरभ के समान चेतन परमाणुओं से उसका मस्तक भर उठता। वह अपने राजमंदिर को लौट जाता।

सुदर्शन बैठा था किसी की प्रतीक्षा में। उसे न देखते हुए, मछली फँसाने का जाल लिये, एक धीवर-कुमारी समुद्र-तट के कगारों पर चढ़ रही थी, जैसे पंख फैलाए तितली। नील भ्रमरी-सी उसकी दृष्टि एक क्षण के लिए कहीं नहीं ठहरती थी। श्याम-सलोनी गोधूलि-सी वह सुंदरी सिकता में पद-चिह्न छोड़ती हुई चली जा रही थी।

राजकुमार की दृष्टि उधर फिरी। सायंकाल का समुद्र-तट उसकी आँखों में दृश्य के उस पार की वस्तुओं का रेखा-चित्र खींच रहा था। जैसे; वह जिसको

नहीं जानता था, उसको कुछ-कुछ समझने लगा हो, और वही समझ, वही चेतना एक रूप रखकर सामने आ गई हो। उसने पुकारा—"सुन्दरी!"

जाती हुई सुन्दरी धीवर-बाला लौट आई। उसके अधरों में मुसकान, आँखों में क्रीड़ा और कपोलों पर यौवन की आभा खेल रही थी, जैसे नील मेघ-खंड के भीतर स्वर्ण-किरण अरुण का उदय।

धीवर-बाला आकर खड़ी हो गई। बोली—"मुझे किसने पुकारा?"

"मैंने।"

"क्या कहकर पुकारा?"

"सुन्दरी!"

"क्यों, मुझमें क्या सौन्दर्य है? और है भी कुछ, तो क्या तुमसे विशेष?"

"हाँ, मैं आज तक किसी को सुन्दरी कहकर नहीं पुकार सका था, क्योंकि यह सौन्दर्य-विवेचना मुझमें अब तक नहीं थी।"

"आज अकस्मात् यह सौंदर्य-विवेक तुम्हारे हृदय में कहाँ से आया?"

"तुम्हें देखकर मेरी सोई हुई सौंदर्य-तृष्णा जाग गई।"

"परंतु भाषा में जिसे सौंदर्य कहते हैं, वह तो तुममें पूर्ण है।"

"मैं यह नहीं मानता, क्योंकि फिर सब मुझी को चाहते, सब मेरे पीछे बावले बने घूमते। यह तो नहीं हुआ। मैं राजकुमार हूँ; मेरे वैभव का प्रभाव चाहे सौंदर्य का सृजन कर देता हो, पर मैं उसका स्वागत नहीं करता। उस प्रेम-निमंत्रण में वास्तविकता कुछ नहीं।"

"हाँ, तो तुम राजकुमार हो! इसी से तुम्हारा सौंदर्य सापेक्ष है।"

"तुम कौन हो?"

"धीवर-बालिका।"

"क्या करती हो?"

"मछली फँसाती हूँ।"—कहकर उसने जाल को लहरा दिया।

"जब इस अनंत एकांत में लहरियों के मिस प्रकृति अपनी हँसी का चित्र दत्तचित्त होकर बना रही, तब तुम उसके अंचल में ऐसा निष्ठुर काम करती हो?"

"निष्ठुर है तो, पर मैं विवश हूँ। हमारे द्वीप के राजकुमार का परिणय होने वाला है। उसी उत्सव के लिए सुनहरी मछलियाँ फँसाती हूँ। ऐसी ही आज्ञा है।"

"परंतु वह ब्याह तो होगा नहीं।"

"तुम कौन हो?"

"मैं भी राजकुमार हूँ। राजकुमारों को अपने चक्र की बात विदित् रहती है इसलिए कहता हूँ।"

धीवर-बाला ने एक बार सुदर्शन के मुख की ओर देखा, फिर कहा—

"तब तो मैं इन निरीह जीवों को छोड़ देती हूँ।"

सुदर्शन ने कुतूहल से देखा, बालिका ने अपने अंचल से सुनहरी मछलियों की भरी हुई मूठ समुद्र में बिखेर दी, जैसे जल-बालिका वरुण के चरण में स्वर्ण-सुमनों का उपहार दे रही हो। सुदर्शन ने प्रगल्भ होकर उसका हाथ पकड़ लिया, और कहा—

"यदि मैंने झूठ कहा, तो?"

"तो कल फिर जाल डालूँगी।"

"तुम केवल सुंदरी ही नहीं, सरल भी हो।"

"और तुम वंचक हो।"—कहकर धीवर-बाला ने एक निश्वास ली, और संध्या के समय अपना मुख फेर लिया। उसकी अलकावली जाल के साथ मिलकर निशीथ का नवीन अध्याय खोलने लगी। सुदर्शन सिर नीचा करके कुछ सोचने लगा। धीवर-बालिका चली गई। एक मौन अंधकार टहलने लगा। कुछ काल के अनंतर दो व्यक्ति एक अश्व लिए आये। सुदर्शन से बोले—"श्रीमन्, विलंब हुआ। बहुत-से निमंत्रित लोग आ रहे हैं। महाराज ने आपको स्मरण किया है।"

"मेरा यहाँ पर कुछ खो गया है, उसे ढूँढ लूँगा, तब लौटूँगा।"

"श्रीमन्, रात्रि समीप है।"

"कुछ चिंता नहीं, चंद्रोदय होगा।"

"हम लोगों को क्या आज्ञा है?"

"जाओ।"

सब लोग गये। राजकुमार सुदर्शन बैठा रहा। चाँदी का थाल लिए रजनी समुद्र से कुछ अमृत-भिक्षा लेने आई। उदार सिंधु देने के लिए उमड़ उठा। लहरियाँ सुदर्शन के पैर चूमने लगीं। उसने देखा, दिगंत-विस्तृत जलराशि पर कोई गोल और धवल पाल उड़ाता हुआ अपनी सुंदर तरणी लिये हुए आ रहा है। उसका विषय-शून्य हृदय व्याकुल हो उठा। उत्कट प्रतीक्षा—दिगंत-गामिनी अभिलाषा—उसकी

जन्मांतर की स्मृति बनकर उस निर्जन प्रकृति में रमणीयता की–समुद्र-गर्जन में संगीत की सृष्टि करने लगी। धीरे-धीरे उसके कानों में एक कोमल अस्फुट नाद गूँजने लगा। उस दूरागत स्वर्गीय संगीत ने उसे अभिभूत कर दिया। नक्षत्र-मालिनी प्रकृति हीरे-नीलम से जड़ी पुतली के समान उसकी आँखों का खेल बन गई।

सुदर्शन ने देखा, सब सुंदर है। आज तक जो प्रकृति उदास चित्र बनकर सामने आती थी, वह उसे हँसती हुई मोहनी और मधुर सौंदर्य से ओत-प्रोत दिखाई देने लगी। अपने में और सबमें फैली हुई उस सौंदर्य की विभूति को देखकर सुदर्शन की तन्मयता उत्कंठा में बदल गई। उसे उन्माद हो चला। इच्छा होती थी कि वह समुद्र बन जाय। उसकी उद्वेलित लहरों से चन्द्रमा की किरणें खेलें और वह हँसा करे। इतने में ध्यान आया उस धीवर-बालिका का। इच्छा हुई कि वह भी वरुण-कन्या-सी चंद्रकिरणों से लिपटी हुई उसके विशाल वक्षस्थल में विहार करे। उसकी आँखों में गोल धवल पाल वाली नाव समा गई, कानों में अस्फुट संगीत भर गया। सुदर्शन उन्मत्त था। कुछ पद-शब्द सुनाई पड़े। उसे ध्यान आया कि मुझे लौटा ले जाने के लिए कुछ लोग आ रहे हैं। वह चंचल हो उठा, फेनिल जलधि में फाँद पड़ा और लहरों में तैर चला।

बेला से दूर–चारों ओर जल–आँखों में वही धवल पाल, कानों में अस्फुट संगीत। सुदर्शन तैरते-तैरते थक चला था। संगीत और वंशी समीप आ रही थी। एक छोटी मछली पकड़ने की नाव आ रही थी। पास आने पर देखा, धीवर-बाला वंशी बजा रही है और नाव अपने मन से चल रही है।

धीवर-बाला ने कहा–"आओगे?"

लहरों को चीरते हुए सुदर्शन ने पूछा–"कहाँ ले चलोगी?"

"पृथ्वी से दूर जल-राज्य में; जहाँ कठोरता नहीं, केवल शीतल, कोमल और तरल आलिंगन है; प्रवंचना नहीं, सीधा आत्मविश्वास है; वैभव नहीं, सरल सौंदर्य है।"

धीवर-बाला ने हाथ पकड़कर सुदर्शन को नाव पर खींच लिया। दोनों हँसने लगे। चंद्रमा और जलनिधि भी।

•

वैरागी

पहाड़ की तलहटी में एक छोटा-सा समतल भूमिखंड था। मौलसिरी, अशोक, कदंब और आम के वृक्षों का एक हरा-भरा कुटुंब उसे आबाद किये हुए था। दो-चार छोटे-छोटे फूलों के पौधे कोमल मृत्तिका के थालों में लगे थे। सब आर्द्र और सरल थे। तपी हुई लू और प्रभात का मलय-पवन, एक क्षण के लिए इस निभृत कुंज में विश्राम कर लेते। भूमि लिपी हुई स्वच्छ, एक तिनके का कहीं नाम नहीं और सुंदर वेदियों और लता-कुंजों से अलंकृत थी।

यह एक वैरागी की कुटी थी, और तृण-कुटीर–उस पर लता-वितान, कुशासन और कम्बल, कमंडल अैर वल्कल उतने ही अभिराम थे, जितने किसी राज-मंदिर में कला-कुशल शिल्पी के उत्तम शिल्प।

एक शिलाखंड पर वैरागी पश्चिम की ओर मुँह किये ध्यान में निमग्न था। अस्त होने वाले सूर्य की अंतिम किरणें उसकी बरौनियों में घुसना चाहती थीं, परन्तु वैरागी अटल, अचल था, बदन पर मुसकराहट और अंग पर ब्रह्मचर्य की रुक्षता थी। यौवन की अग्नि निर्वेद की राख से ढँकी थी। शिलाखंड के नीचे ही पगडंडी थी। पशुओं का झुंड उसी मार्ग से पहाड़ी गोचर-भूमि से लौट रहा था। गोधूलि मुक्त गगन के अंक में आश्रय खोज रही थी। किसी ने पुकारा–"आश्रय मिलेगा?"

वैरागी का ध्यान टूटा। उसने देखा, सचमुच मलिन-वसना गोधूलि उसके आश्रम में आश्रय माँग रही है। अंचल छिन्न बालों की लटें, फटे हुए कंबल के समान माँसल वक्ष और स्कंध को ढँकना चाहती थीं। गैरिक वसन जीर्ण और मलिन। सौंदर्य-विकृत आँखें कह रही थीं कि, उन्होंने उमंग की रातें जगते हुए बिताई हैं। वैरागी अकस्मात् आँधी के झोंके में पड़े हुए वृक्ष के समान तिलमिला गया। उसने धीरे से कहा–"स्वागत अतिथि! आओ।"

रजनी के घने अंधकार में तृण-कुटीर, वृक्षावली, जगमगाते हुए नक्षत्र धुँधले चित्रपट के सदृश प्रतिभासित हो रहे थे। स्त्री अशोक के नीचे वेदी पर बैठी थी, वैरागी अपने कुटीर के द्वार पर।

स्त्री ने पूछा–"जब तुमने अपना सोने का संसार पैरों से ठुकरा दिया, पुत्र-मुख-दर्शन का सुख, माता का अंक, यशविभव, सब छोड़ दिया, तब तुच्छ भूमि-खंड पर इतनी ममता क्यों? इतना परिश्रम, इतना यत्न किसलिए?"

"केवल तुम्हारे-जैसे अतिथियों की सेवा के लिए। जब कोई आश्रयहीन महलों से ठुकरा दिया जाता है, तब उसे ऐसे ही आश्रय-स्थान अपने अंक में विश्राम देते हैं। मेरा परिश्रम सफल हो जाता है–जब कोई कोमल शय्या पर सोने वाला प्राणी इस मुलायम मिट्टी पर थोड़ी देर विश्राम करके सुखी हो जाता है।"

"कब तक तुम ऐसा करोगे?"

"अनंत काल तक प्राणियों की सेवा का सौभाग्य मुझे मिले!"

"तुम्हारा आश्रय कितने दिनों के लिए है?"

"जब तक उसे दूसरा आश्रय न मिले।"

"मुझे इस जीवन में कहीं आश्रय नहीं, और न मिलने की संभावना है।"

"जीवन-भर?"–आश्चर्य से वैरागी ने पूछा।

"हाँ।"–युवती के स्वर में विकृति थी।

"क्या तुम्हें ठंड लग रही है?"–वैरागी ने पूछा।

"हाँ।"–उसी प्रकार उत्तर मिला।

वैरागी ने कुछ सूखी लकड़ियाँ सुलगा दीं। अंधकार-प्रदेश में दो-तीन चमकीली लपटें उठने लगीं। एक धुँधला प्रकाश फैल गया। वैरागी ने एक कंबल लाकर स्त्री को दिया। उसे ओढ़कर वह बैठ गई। निर्जन प्रांत में दो व्यक्ति। अग्नि-प्रज्ज्वलित पवन ने एक थपेड़ा दिया। वैरागी ने पूछा–"कब तक बाहर बैठोगी?"

"रात बिताकर चली जाऊँगी, कोई आश्रय खोजूँगी; क्योंकि यहाँ रहकर बहुतों के सुख में बाधा डालना ठीक नहीं। इतने समय के लिए कुटी में क्यों आऊँ?"

वैरागी को जैसे बिजली का धक्का लगा। वह प्राणपण से बल संकलित करके बोला–"नहीं-नहीं, तुम स्वतंत्रता से यहाँ रह सकती हो।"

"इस कुटी का मोह तुमसे नहीं छूटा। मैं उसमें समभागी होने का भय तुम्हारे लिए उत्पन्न न करूँगी।"—कहकर स्त्री ने सिर नीचा कर लिया। वैरागी के हृदय में सनसनी हो रही थी। वह न जाने क्या कहने जा रहा था, सहसा बोल उठा—

"मुझे कोई पुकारता है, तुम इस कुटी को देखना!"—यह कहकर वैरागी अंधकार में विलीन हो गया। स्त्री अकेली रह गई।

पथिक् लोग बहुत दिन तक देखते रहे कि एक पीला मुख उस तृण-कुटीर से झाँककर प्रतीक्षा के पथ में पलक-पाँवड़े बिछाता रहा।

•

बनजारा

धीरे-धीरे रात खिसक चली, प्रभात के फूलों के तारे चू पड़ना चाहते थे। विंध्य की शैलमाला में गिरि-पथ पर एक झुंड बैलों का बोझ लादे आता था। साथ के बनजारे उनके गले की घंटियों के मधुर स्वर में अपने ग्रामगीतों का आलाप मिला रहे थे। शरद् ऋतु की ठंड से भरा हुआ पवन उस दीर्घ पथ पर किसी को खोजता हुआ दौड़ रहा था।

वे बनजारे थे। उनका काम था सरगुजा तक के जंगलों में जाकर व्यापार की वस्तु क्रय-विक्रय करना। प्रायः बरसात छोड़कर वे आठ महीने यही उद्यम करते। उस परिचित पथ में चलते हुए वे अपने परिचित गीतों को कितनी ही बार उन पहाड़ी चट्टानों से टकरा चुके थे। उन गीतों में आशा, उपालंभ, वेदना और स्मृतियों की कचोट, ठेस और उदासी भरी रहती।

सबसे पीछे वाले युवक ने अभी अपने आलाप को आकाश में फैलाया था, उसके गीत का अर्थ था–

"मैं बार-बार लाभ की आशा से लादने जाता हूँ; परन्तु हे उस जंगल की हरियाली में अपने यौवन को छिपाने वाली कोलकुमारी, तुम्हारी वस्तु बड़ी महँगी है! मेरी सब पूँजी भी उसको क्रय करने के लिए पर्याप्त नहीं। पूँजी बढ़ाने के लिए व्यापार करता हूँ; एक दिन धनी होकर आऊँगा; परन्तु विश्वास है कि तब भी तुम्हारे सामने रंक ही रह जाऊँगा!"

आलाप लेकर वह जंगली वनस्पतियों की सुगंध में अपने को भूल गया। यौवन के उभार में नंदू अपरिचित सुखों की ओर जैसे अग्रसर हो गया था। सहसा बैलों की श्रेणी के अग्रभाग में हलचल मची। तड़ातड़ का शब्द, चिल्लाने और कूदने का उत्पात होने लगा। नंदू का सुख-स्वप्न टूट गया, "बाप रे,

डाका!"—कहकर वह एक पहाड़ी की गहाई में उतरने लगा। गिर पड़ा, लुढ़कता हुआ नीचे चला। मूर्च्छित हो गया।

हाकिम परगना और इंजीनियर का पड़ाव अधिक दूर न था। डाका पड़ने वाला स्थान दूसरे ही दिन भीड़ से भर गया। गोड़ैत और सिपाहियों की दौड़-धूप चलने लगी। छोटी-सी पहाड़ी के नीचे, फूस की झोंपड़ी में, उषा की किरणों का गुच्छा सुनहले फूल के सदृश झूलने लगा था। अपने दोनों हाथों पर झुकी हुई एक साँवली-सी युवती उस आहत पुरुष के मुख को एकटक देख रही थी। धीरे-धीरे युवती के मुख पर मुसकराहट और पुरुष के मुख पर सचेष्टता के लक्षण दिखलाई देने लगे। पुरुष ने आँखें खोल दीं। युवती पास ही धरा हुआ गरम दूध उसके मुँह में डालने लगी और युवक पीने लगा।

युवक को इतनी चोट नहीं थी, जितना वह भय से आक्रांत था। वह दूध पीकर स्वस्थ हो चला था। उठने की चेष्टा करते हुए पूछा—"मोनी, तुम हो!"

"हाँ, चुप रहो।"

"अब मैं चंगा हो गया हूँ, कुछ डरने की बात नहीं।" अभी युवक इतना ही कह पाया था कि एक कोल-चौकीदार की क्रूर आँखें झोंपड़ी में झाँकने लगीं। युवक ने उसे देखा। चौकीदार ने हँसकर कहा—"वाह मोनी! डाका भी डलवाती हो और दया भी करती हो! बताओ तो, कौन-कौन थे; साहब पूछ रहे हैं!"

मोनी की आँख चढ़ गयीं। उसने दाँत पीसकर कहा—"तुम पाजी हो! जाओ, मेरी झोंपड़ी में से निकल जाओ!"

"हाँ, यह कहो। तो तुम्हारा मन रीझ गया है इस पर, यह तो कभी-कभी तुम्हारा प्याज-मेवा लेने आता था न!"—चौकीदार ने कहा।

घायल बाघिनी-सी वह तड़प उठी। चौकीदार कुछ सहमा। परंतु वह पूरा काइयाँ था, अपनी बात का रुख बदलकर वह युवक से कहने लगा—"क्यों जी, तुम्हारा भी तो लूटा गया है, कुछ तुम्हें भी चोट आई है! चलो, साहब से अपना हाल कहो। बहुत से माल का पता लगा है; चलकर देखो तो!"

"क्यों मोनी! अब जेल जाओगी न? बोलो; अब से भी अच्छा है। हमारी बात मान जाओ।"—चौकीदार ने पड़ाव से दूर हथकड़ी से जकड़ी हुई मोनी से कहा। मोनी अपनी आँखों की स्याही संध्या की कालिमा में मिला रही थी। पेड़ों

के उस झुरमुट में दूर वह बनजारा भी खड़ा था। एक बार मोनी ने उसकी ओर देखा, उसके ओंठ फड़क उठे। वह बोली–"मैं किसी को नहीं जानती, और नहीं जानती थी कि उपकार करने जाकर यह अपमान भोगना पड़ेगा!" फिर जेल की भीषणता स्मरण करके वह दीनता से बोली–"चौकीदार! मेरी झोंपड़ी और सब पेड़ ले लो; मुझे बचा दो!"

चौकीदार हँस पड़ा। बोला–"मुझे वह सब न चाहिए; बोलो, तुम मेरी बात मानोगी, वही..."

मोनी ने चिल्लाकर कहा–"नहीं, कभी नहीं!"

नर-पिशाच चौकीदार ने बेदर्द होकर कई थप्पड़ लगाये, पर मोनी न रोई, न चिल्लायी। वह हठी लड़के की तरह उस मारने वाले का मुँह देख रही थी।

हाकिम परगना एक अच्छे सिविलियन थे। वे कैम्प से टहलने के लिए गये थे; नंदू ने न जाने उनसे हाथ जोड़ते हुए क्या कहा, वे उधर ही चल पड़े, जहाँ मोनी थी।

सब बातें समझकर साहब ने मोनी की हथकड़ी खोलते हुए चौकीदार की पीठ पर दो-तीन बेंत जमाये, और कहा–"देख बदमाश! आज तो तुझे छोड़ता हूँ, फिर इस तरह का कोई काम किया, तो तुमसे चक्की ही पिसवाऊँगा। असली डाकुओं का पता लगाओ।"

मोनी पड़ाव से चली गई। और नंदू अपना बैल पहचानकर ले चला! वह फिर बराबर अपने उस व्यापार में लगा रहा।

कई महीने बाद–

एक दिन फिर प्याज-मेवा लेने के लालच में नंदू उसी मोनी की झोंपड़ी की ओर पहुँचा। वहाँ जाकर उसने देखा–झोंपड़ी के सब पत्ते के छाजन तितर-बितर होकर बिखर रहे हैं और पत्थर के ढोंके अब-तब गिरना चाहते हैं। भीतर कूड़ा है, जहाँ वह पहले जंगली वस्तुओं का ढेर देखा करता था। उसने पुकारा–"मोनी!" कोई उत्तर न मिला। नंदू लौटकर अपने पथ पर आने लगा।

सामने देखा–पहाड़ी नदी के तट पर बैठी हुई मोनी को! वह हँसता हुआ फूल कुम्हला गया था, अपने दोनों पैर नदी में डाले बैठी थी। नंदू ने पुकारा–"मोनी!" वह फिर भी कुछ न बोली। अब वह पास आ गया। मोनी

ने देखा। एक बार उसके मुँह पर कुछ तरावट-सी दौड़ गई, फिर सहसा कड़ी धूप निकल आने पर एक बौछार की गीली भूमि जैसे रूखी हो जाती है, वैसे ही उसके मुँह पर धूल उड़ने लगी।

नंदू ने पूछा–''मोनी! प्याज-मेवा है?''

मोनी ने रूखेपन से कहा–''अब मैं नहीं बटोरती, नंदू। बेचने के लिए नहीं इकट्ठा करती।''

नंदू ने पूछा–''क्यों, अब क्या हो गया?''

''जंगल में वही सब तो हम लोगों के भोजन के लिए है, उसे बेच दूँगी, तो खाऊँगी क्या?''

''और पहले क्या था?''

''वह लोभ था; व्यापार करने की, धन बटोरने की इच्छा थी।''

''अब वह इच्छा क्या हुई?''

''अब मैं समझती हूँ कि सब लोग न तो व्यापार कर सकते हैं और न तो सब वस्तु बाजार में बेची जा सकती हैं।''

''तो मैं लौट जाऊँ?''

''हाँ, लौट जाओ; जब तक ओस की बूँदों से ठंडी धूल तुम्हारे पैरों में लगे, उतने समय में अपना पथ समाप्त कर लो!''

''लादना छोड़ दूँगा, मोनी!''

''ओहो! यह क्यों? मैं इस पहाड़ी पर निस्तब्ध प्रभाव में घंटियों के मधुर स्वर की आशा में अनमनी बैठी रहती हूँ। वह पहुँचने का; बोझ उतारने के व्याकुल विश्राम का अनुभव करके सुखी रहती हूँ। मैं नहीं चाहती कि किसी को लादने के लिए मैं बोझ इकट्ठा करूँ, नंदू!''

नंदू हताश था। वह अपने बैलों की खाली पीठ पर हाथ धरे चुपचाप अपने पथ पर चलने लगा।

•

चूड़ीवाली

1

"अभी तो पहना गई हो।"

"बहूजी, बड़ी अच्छी चूड़ियाँ हैं। सीधे बंबई से पारसल मँगाया है। सरकार का हुक्म है; इसलिए नयी चूड़ियाँ आते ही चली आती हूँ।"

"तो जाओ, सरकार को ही पहनाओ, मैं नहीं पहनती।"

"बहूजी! जरा देख तो लीजिए।" कहती मुसकराती हुई ढीठ चूड़ी वाली अपना बक्सा खोलने लगी। वह पच्चीस वर्ष की एक गोरी-छरहरी स्त्री थी। उसकी कलाई सचमुच चूड़ी पहनाने के लिए ढली थी। पान से लाल पतले-पतले ओंठ दो-तीन वक्रताओं में अपना रहस्य छिपाये हुए थे। उन्हें देखने का मन करता, देखने पर उन सलोने अधरों से कुछ बुलवाने का जी चाहता है। बोलने पर हँसाने की इच्छा होती और उसी हँसी में शैशव का अल्हड़पन, यौवन की तरावट और प्रौढ़ की-सी गंभीरता बिजली के समान लड़ जाती।

बहूजी को उसकी हँसी बहुत बुरी लगती; पर जब पंजों में अच्छी चूड़ी चढ़ाकर, संकट में फँसाकर वह हँसते हुए कहती—"एक पान मिले बिना यह चूड़ी नहीं चढ़ती।" तब बहूजी को क्रोध के साथ हँसी आ जाती और उसकी तरल हँसी की तरी लेने में तन्मय हो जातीं।

कुछ ही दिनों से यह चूड़ी वाली आने लगी है। कभी-कभी बिना बुलाये ही चली आती और ऐसे ढंग फैलाती कि बिना सरकार के आये निबटारा न होता। यह बहूजी को असह्य हो जाता। आज उसको चूड़ी फँसाते देख बहूजी झल्लाकर बोलीं—"आजकल दुकान पर ग्राहक कम आते हैं क्या?"

"बहूजी, आजकल खरीदने की धुन में हूँ, बेचती हूँ कम!" इतना कहकर

कई दर्जन चूड़ियाँ बाहर सजा दीं। स्लीपरों के शब्द सुनाई पड़े। बहूजी ने कपड़े सँभाले, पर वह ढीठ चूड़ी वाली बालिकाओं के समान सिर टेढ़ा करके ''यह जर्मनी की है, यह फ्राँसीसी है, यह जापानी है'' कहती जाती थी। सरकार पीछे खड़े मुसकरा रहे थे।

''क्या रोज नई चूड़ियाँ पहनाने के लिए इन्हें हुक्म मिला है?'' बहूजी ने गर्व से पूछा।

सरकार ने कहा–''पहनो, तो बुरा क्या है?''

''बुरा तो कुछ नहीं, चूड़ी चढ़ाते हुए कलाई दुखती होगी।'' चूड़ी वाली ने सिर नीचा किये कनखियों से देखते हुए कहा। एक लहर-सी लाली आँखों की ओर से कपोलों को तर करती हुई दौड़ जाती थी। सरकार ने देखा, एक लालसा-भरी युवती व्यंग्य कर रही है। हृदय में हलचल मच गयी, घबराकर बोले–''ऐसा है, तो न पहनें।''

''भगवान् करें, रोज पहनें।'' चूड़ी वाली आशीर्वाद देने के गंभीर स्वर में प्रौढ़ा के समान बोली।

''अच्छा, तुम अभी जाओ।'' सरकार और चूड़ी वाली दोनों की ओर देखते हुए बहूजी ने झुँझलाकर कहा।

''तो क्या मैं लौट जाऊँ? आप तो कहती थीं न, कि सरकार को ही पहनाओ, तो जरा उनसे पहनने के लिए कह दीजिये।''

''निकल मेरे यहाँ से।'' कहते हुए बहूजी की आँखें तिलमिला उठीं। सरकार धीरे से निकल गये। अपराधी के समान सिर नीचा किये चूड़ी वाली अपनी चूड़ियाँ बटोरकर उठी। हृदय की धड़कन में अपनी रहस्यपूर्ण निश्वास छोड़ती हुई चली गयी।

2

चूड़ी वाली का नाम था विलासिनी। वह नगर की एक प्रसिद्ध नर्त्तकी की कन्या थी। उसके रूप और संगीत-कला की सुख्याति थी, वैभव भी कम न था! विलास और प्रमोद का पर्याप्त संभार मिलने पर भी उसे संतोष न था। हृदय में कोई अभाव खटकता था, वास्तव में उसकी मनोवृत्ति उसके व्यवसाय के प्रतिकूल थी।

कुलवधू बनने की अभिलाषा हृदय में और दाम्पत्य-सुख का स्वर्गीय स्वप्न उसकी आँखों में समाया था। स्वच्छंद प्रणय का व्यापार अरुचिकर हो गया। परंतु समाज उससे हिंस्र पशु के समान सशंक था। उससे आश्रय मिलना असंभव जानकर विलासिनी ने छल के द्वारा वही सुख लेना चाहा। यह उसकी सरल आवश्यकता थी, क्योंकि अपने व्यवसाय में उसका प्रेम क्रय करने के लिए बहुत-से लोग आते थे, पर विलासिनी अपना हृदय खोलकर किसी से प्रेम न कर सकती थी।

उन्हीं दिनों सरकार के रूप, यौवन और चारित्र्य ने उसे प्रलोभन दिया। नगर के समीप बाबू विजयकृष्ण की, अपनी जमींदारी में बड़ी सुंदर अट्टालिका थी। वहीं रहते थे। उनके अनुचर और प्रजा उन्हें सरकार कहकर पुकारती थी। विलासिनी की आँखें विजयकृष्ण पर गड़ गयीं। अपना चिर-संचित मनोरथ पूर्ण करने के लिए वह कुछ दिनों के लिए चूड़ी वाली बन गयी थी।

सरकार चूड़ी वाली को जानते हुए भी अनजान बने रहे। अमीरी का एक कौतुक था, एक खिलवाड़ समझकर उसके आने-जाने में बाधा न देते। विलासिनी के कलापूर्ण सौंदर्य ने जो कुछ प्रभाव उनके मन पर डाला था; उसके लिए उनके सुरुचिपूर्ण मन ने अच्छा बहाना खोज लिया था, वे सोचते, 'बहूजी का कुल-वधू जनोचित् सौंदर्य और वैभव की मर्यादा देखकर चूड़ी वाली स्वयं पराजय स्वीकार कर लेगी और अपना निष्फल प्रयत्न छोड़ देगी, तब तक यह एक अच्छा मनोविनोद चल रहा है!'

चूड़ी वाली अपने कौतूहलपूर्ण कौशल में सफल न हो सकी थी, परंतु बहूजी के आज के दुर्व्यवहार ने प्रतिक्रिया उत्पन्न करा दी और चोट खाकर उसने सरकार को घायल कर दिया।

3

अब सरकार प्रकाश्य रूप से उसके यहाँ जाने लगे। विलास-रजनी का प्रभात भी चूड़ी वाली के उपवन में कटता। कुल-मर्यादा, लोकलाज और जमींदारी सब एक ओर और चूड़ी वाली अकेले। दालान में कुर्सियों पर सरकार और चूड़ी वाली बैठकर रात्रि-जागरण का खेद मिटा रहे थे। पास ही अनार का वृक्ष था, उसमें फूल खिले थे। एक बहुत ही छोटी चिड़िया उन फूलों में चोंच डालकर

मकरंद पान करती और कुछ केसर खाती, फिर हृदयविमोहक कल-नाद करती हुई उड़ जाती।

सरकार बडी देर से कौतुक देख रहे थे, बोले–"इसे पकड़कर पालतू बनाया जाय, तो कैसा?"

"उहूँ, यह फूलसुंघी है। पींजरे में जी नहीं सकती। उसे फूलों का प्रदेश ही जिला सकता है, स्वर्ण-पिंजर नहीं। उसे खाने के लिए फूलों की केसर का चारा और पीने के लिए मकरंद-मदिरा कौन जुटावेगा?"

"पर इसकी सुंदर बोली संगीत-कला की चरम सीमा है; वीणा में भी कोई-कोई मीड़ ऐसी निकलती होगी। इसे अवश्य पकड़ना चाहिए।"

"जिसमें बाधा नहीं, बंधन नहीं, जिसका सौंदर्य स्वच्छंद है, उस साधारण प्राकृतिक कला का मूल्य क्या बंधन है? कुरुचि के द्वारा वह कलंकित भले ही हो जाय परंतु पुरस्कृत नहीं हो सकती। उसे आप पींजरे में बंद करके पुरस्कार देंगे या दंड?" कहते हुए उसने विजय की एक व्यंग्य-भरी मुस्कान छोड़ी। सरकार की–उस वन-विहंगम को पकड़ने की लालसा बलवती हो उठी। उन्होंने कहा–"जाने भी दो, वह अच्छी कला नहीं जानती।" प्रसंग बदल गया। नित्य का साधारण विनोदपूर्ण क्रम चला।

4

चूड़ी वाली अपने अभ्यास के अनुसार समझती कि यदि बहूजी की अपार प्रणय-संपत्ति में से कुछ अंश मैं भी लेती हूँ, तो हानि क्या, परंतु बहूजी को अपने प्रणय के एकाधिपत्य पर पूर्ण विश्वास था। वह निष्क्रिय प्रतिरोध करने लगीं। राज्यसभा के भयानक आक्रमण से वह घुलने लगीं और सरकार वन-विहंगिनी विलासिनी को स्वायत्त करने में दत्तचित्त् हुए। रोगी की शुश्रूषा और सेवा में कोई कमी न थी, परंतु एक बड़े मुकदमे में सरकार का उधर सर्वस्वांत हुआ, इधर बहूजी चल बसीं।

चूड़ी वाली ने समझा कि उसकी पूर्ण विजय हुई, पर बात कुछ दूसरी थी। विजयकृष्ण का वह एक विनोद था। जब सब-कुछ चला गया, तब विनोद लेकर क्या होगा। एक दिन चूड़ी वाली से छुट्टी माँगी। उसने कहा–"कमी किस बात की है, मैं तुम्हारी ही हूँ और सब विभव भी तुम्हारा है।" विजयकृष्ण ने कहा–"मैं

वेश्या की दी हुई जीविका से पेट पालने में असमर्थ हूँ।'' चूड़ी वाली बिलखने लगी, विनय किया, रोई, गिड़गिड़ाई, पर विजयकृष्ण चले ही गये। वह सोचने लगी कि–'अपना व्यवसाय और विजय की गृहस्थी बिगाड़कर जो सुख खरीदा था, उसका कोई मूल्य नहीं। मैं कुलवधू होने के उपयुक्त नहीं। क्या समाज के पास इसका कोई प्रतिकार नहीं? इतनी तपस्या और इतना स्वार्थ-त्याग व्यर्थ है?'

परंतु विलासिनी यह न जानती थी कि स्त्री और पुरुष-संबंधी समस्त अंतिम निर्णय करने में समाज कितना ही उदार क्यों न हो; दोनों पक्षों को सर्वथा संतुष्ट नहीं कर सका और न कर सकने की आशा है। यह रहस्य सृष्टि को उलझा रखने की कुंजी है।

विलासिनी ने बहुत सोच-समझकर अपनी जीवनचर्या बदल डाली। सरकार से मिली हुई जो कुछ संपत्ति थी, उसे बेचकर पास ही के गाँव में खेती करने के लिए भूमि लेकर आदर्श हिंदू गृहस्थ की-सी तपस्या करने में अपना बिखरा हुआ मन उसने लगा दिया। उसके कच्चे मकान के पास एक विशाल वट-वृक्ष और निर्मल जल का सरोवर था। वहीं बैठकर चूड़ी वाली ने पथिकों की सेवा करने का संकल्प लिया। थोड़े ही दिनों में अच्छी खेती होने लगी और अन्न से उसका घर भरा रहने लगा। भिखारियों को अन्न देकर उन्हें खिला देने में उसे अकथनीय सुख मिलता। धीरे-धीरे दिन ढलने लगे, चूड़ी वाली को सहेली बनाने के लिए यौवन का तीसरा पहर करुणा और शांति को पकड़ लाया। उस पथ से चलने वाले पथिकों को दूर से किसी कला-कुशल कंठ की तान सुनाई पड़ती–

अब लौं नसानी अब न नसैहौं।

वट-वृक्ष के नीचे एक अनाथ बालक नंदू को चना और गुड़ की दुकान चूड़ी वाली ने करा दी है। जिन पथिकों के पास पैसे न होते, उनका मूल्य वह स्वयं देकर नंदू की दुकान में घाटा न होने देती, और पथिक् भी विश्राम किये बिना उस तालाब से न जाता। कुछ ही दिनों में चूड़ी वाली का तालाब विख्यात हो गया।

5

संध्या हो चली थी। पखेरुओं का बसेरे की ओर लौटने का कोलाहल मचा और वट-वृक्ष में चहल-पहल हो गई। चूड़ी वाली चरनी के पास खड़ी बैलों को

देख रही थी। दालान में दीपक जल रहा था, अंधकार उसके घर और मन में बरजोरी घुस रहा था। कोलाहल-शून्य जीवन में भी चूड़ी वाली को शांति मिली, ऐसा विश्वास नहीं होता था। पास ही उसकी पिंडुलियों से सिर रगड़ता हुआ कलुआ दुम हिला रहा था। सुखिया उसके लिए घर में से कुछ खाने को ले आयी थी; पर कलुआ उधर न देखकर अपनी स्वामिनी से स्नेह जता रहा था। चूड़ी वाली ने हँसते हुए कहा– "चल, तेरा दुलार हो चुका। जा, खा ले।" चूड़ी वाली ने मन में सोचा, कंगाल मनुष्य स्नेह के लिए क्यों भीख माँगता है? वह स्वयं नहीं करता, नहीं तो तृण-वीरुध तथा पशु-पक्षी भी तो स्नेह करने के लिए प्रस्तुत हैं। इतने में नंदू ने आकर कहा–"माँ, एक बटोही बहुत थका हुआ अभी आया है। भूख के मारे वह जैसे शिथिल हो गया है।"

"तूने क्यों नहीं दे दिया?"

"लेता भी नहीं, कहता है, तू बड़ा गरीब लड़का है, तुझसे न लूँगा।"

चूड़ी वाली वट-वृक्ष की ओर चल पड़ी। अँधेरा हो गया था। पथिक् जड़ का सहारा लेकर लेटा था। चूड़ी वाली ने हाथ जोड़कर कहा–"महाराज, आप कुछ भोजन कीजिए।"

"तुम कौन हो?"

"पहले की एक वेश्या।"

"छिः, मुझे पड़े रहने दो, मैं नहीं चाहता कि तुम मुझसे बोलो भी, क्योंकि तुम्हारा व्यवसाय कितने ही सुखी घरों को उजाड़कर श्मशान बना देता है।"

"महाराज, हम लोग तो कला के व्यवसायी हैं। यह अपराध कला का मूल्य लगाने वालों की कुरुचि और कुत्सित इच्छा का है। संसार में बहुत-से निर्लज्ज स्वार्थपूर्ण व्यवसाय चलते हैं। फिर इसी पर इतना क्रोध क्यों?"

"क्योंकि वह उन सबों में अधम और निकृष्ट है।"

"परन्तु वेश्या का व्यवसाय करके भी मैंने एक ही व्यक्ति से प्रेम किया था। मैं और धर्म नहीं जानती, पर अपने सरकार से जो कुछ मुझे मिला, उसे मैं लोक-सेवा में लगाती हूँ। मेरे तालाब पर कोई भूखा नहीं रहने पाता। मेरी जीविका चाहे जो रही हो, मेरे अतिथि-धर्म में बाधा न दीजिए।"

पथिक् एक बार ही उठकर बैठ गया और आँख गड़ाकर अँधेरे में देखने लगा। सहसा बोल उठा–"चूड़ी वाली?"

"कौन, सरकार?"

"हाँ, तुमने शोक हर लिया। मेरे अपराधजनक तमाम त्याग में पुण्य का भी भाग था, यह मैं नहीं जानता।"

"सरकार! मैंने गृहस्थ-कुलवधू होने के लिए कठोर तपस्या की है। इन चार वर्षों में मुझे विश्वास हो गया है कि कुलवधू होने में जो महत्त्व है, वह सेवा का है, न कि विलास का।"

"सेवा ही नहीं, चूड़ी वाली! उसमें विलास का अनंत यौवन है, क्योंकि केवल स्त्री-पुरुष के शारीरिक बंधन में वह पर्यवसित नहीं है, बाह्य साधनों के विकृत हो जाने तक ही, उसकी सीमा नहीं, गार्हस्थ्य जीवन उसके लिए प्रचुर उपकरण प्रस्तुत करता है, इसलिए वह प्रेय भी है और श्रेय भी है। मुझे विश्वास है कि तुम अब सफल हो जाओगी।"

"मेरी सफलता आपकी कृपा पर है। विश्वास है कि अब इतने निर्दय न होंगे"—कहते-कहते चूड़ी वाली ने सरकार के पैर पकड़ लिए।

सरकार ने उसके हाथ पकड़ लिए।

•

अपराधी

1

वनस्थली के रंगीन संसार में अरुण किरणों ने इठलाते हुए पदार्पण किया और वे चमक उठीं, देखा तो कोमल किसलय और कुसुमों की पंखुड़ियाँ, वसंत-पवन के पैरों के समान हिल रही थीं। पीले पराग का अंगराग लगने से किरणें पीली पड़ गईं। वसंत का प्रभात था।

युवती कामिनी मालिन का काम करती थी। उसके और कोई न था। वह इस कुसुम-कानन से फूल चुन ले जाती और माला बनाकर बेचती। कभी-कभी उसे उपवास भी करना पड़ता। पर, वह यह काम न छोड़ती। आज भी वह फूले हुए कचनार के नीचे बैठी हुई, अर्द्ध-विकसित कामिनी-कुसुमों को बिना बेधे हुए, फंदे देकर माला बना रही थी। भँवरे आये, गुनगुनाकर चले गये। वसंत के दूतों का संदेश उसने न सुना। मलय-पवन अंचल उड़ाकर, रूखी लटों को बिखराकर, हट गया। मालिन बेसुध थी, वह फंदा बनाती जाती और फूलों को फँसाती जाती थी।

द्रुतगति से दौड़ते हुए अश्व के पद-शब्द ने उसे त्रस्त कर दिया। वह अपनी फूलों की टोकरी उठाकर भयभीत होकर सिर झुकाए खड़ी हो गई। राजकुमार आज अचानक उधर वायु-सेवन के लिए आ गये थे। उन्होंने दूर से ही देखा, समझ गये कि वह युवती त्रस्त है। बलवान अश्व वहीं रुक गया। राजकुमार ने पूछा—"तुम कौन हो?"

कुरंगी कुमारी के समान बड़ी-बड़ी आँखें उठाकर उसने कहा—"मालिन!"

"क्या तुम माला बनाकर बेचती हो?"

"हाँ।"

"यहाँ का रक्षक तुम्हें रोकता नहीं?"

"नहीं, यहाँ कोई रक्षक नहीं है।"

"आज तुमने कौन-सी माला बनाई है?"

"यही कामिनी की माला बना रही थी।"

"तुम्हारा नाम क्या है?"

"कामिनी।"

"वाह! अच्छा, तुम इस माला को पूरी करो, मैं लौटकर इसे लूँगा।" डरने पर भी मालिन ढीठ थी। उसने कहा—"धूप निकल आने पर कामिनी का सौरभ कम हो जाएगा।"

"मैं शीघ्र आऊँगा।"—कहकर राजकुमार चले गये।

मालिन ने माला बना डाली। किरणें प्रतीक्षा में लाल-पीली होकर धवल हो चलीं। राजकुमार लौटकर नहीं आये। तब उसी ओर चली—जिधर राजकुमार गये थे।

युवती बहुत दूर न गई होगी कि राजकुमार लौटकर दूसरे मार्ग से उसी स्थान पर आये। मालिन को न देखकर पुकारने लगे—"मालिन! ओ मालिन!"

दूरागत कोकिल की पुकार-सा वह स्वर उसके कान में पड़ा था। वह लौट आई। हाथों में कामिनी की माला लिए वह वन-लक्ष्मी के समान लौटी। राजकुमार उसी दिन-सौंदर्य को सकुतूहल देख रहे थे। कामिनी ने माला गले में पहना दी। राजकुमार ने अपना कौशेय उष्णीश खोलकर मालिन के ऊपर फेंक दिया। कहा—"जाओ, इसे पहनकर आओ।" आश्चर्य और भय से लताओं की झुरमुट में जाकर उसने आज्ञानुसार कौशेय वसन पहना।

बाहर आई, तो उज्ज्वल किरणें उसके अंग-अंग पर हँसते-हँसते लोट-पोट हो रही थीं। राजकुमार मुसकराए और कहा—"आज से तुम इस कुसुम-कानन की वन-पालिका हुई हो। स्मरण रखना।"

राजकुमार चले गये। मालिन किंकर्त्तव्यविगूढ़ होकर गधूक वृक्ष के नीचे बैठ गई।

2

वसंत बीत गया। गर्मी जलाकर चली गई। कानन में हरियाली फैल रही थी। श्यामल घटाएँ आकाश में और शस्य-शोभा धरणी पर एक सघन-सौंदर्य का सृजन कर

रही थीं। वन-पालिका के चारों ओर मयूर घेरकर नाचते थे। संध्या में एक सुंदर उत्सव हो रहा था। रजनी आई। वन-पालिका के कुटीर को तम ने घेर लिया। मूसलाधार वृष्टि होने लगी। युवती प्रकृति का मद-विह्वल लास्य था। वन-पालिका पर्ण-कुटीर के वातायन से चकित होकर देख रही थी। सहसा बाहर कंपित कंठ से शब्द हुआ—"आश्रय चाहिए!" वन-पालिका ने कहा—"तुम कौन हो?"

"एक अपराधी।"

"तब यहाँ स्थान नहीं है।"

"विचारकर उत्तर दो, कहीं आश्रय न देकर तुम अपराध न कर बैठो।" वन-पालिका विचारने लगी। बाहर से फिर सुनाई पड़ा—"विलंब होने से प्राणों की आशंका है।"

वन-पालिका निस्संकोच उठी और उसने द्वार खोल दिया। आगंतुक ने भीतर प्रवेश किया। वह एक बलिष्ठ युवक था, साहस उसकी मुखाकृति थी। वन-पालिका ने पूछा—"तुमने कौन-सा अपराध किया है?"

"बड़ा भारी अपराध है, प्रभात होने पर सुनाऊँगा। इस रात्रि में केवल आश्रय दो।"—कहकर आगंतुक अपना आर्द्र वस्त्र निचोड़ने लगा। उसका स्वर विकृत और बदन नीरस था। अंधकार ने उसे और भी अस्पष्ट बना दिया था।

युवती वन-पालिका व्याकुल होकर प्रभात की प्रतीक्षा करने लगी। सहसा युवक ने उसका हाथ पकड़ लिया। वह त्रस्त हो गई, बोली—"अपराधी, यह क्या?"

"अपराधी हूँ सुंदरी!"—अबकी बार उसका स्वर परिवर्तित था। पागल प्रकृति पर्णकुटी को घेरकर अपनी हँसी में फूटी पड़ती थी। वह करस्पर्श उन्मादकारी था। कामिनी की धमनियों में बाहर के बरसाती नालों के समान रक्त दौड़ रहा था। युवक के स्वर में परिचय था, परंतु युवती की वासना के कुतूहल ने भय का बहाना खोज लिया! बाहर करकापात के साथ ही बिजली कड़की। वन-पालिका ने दूसरा हाथ युवक के कंठ में डाल दिया।

अंधकार हँसने लगा।

3

बहुत दिन बीत गये। कितने ही बरस आये और चले गये। वह कुसुम-कानन—जिसमें मोर, शुक और पिक, फूलों से लदी झाड़ियों में विहार करते

थे, अब एक जंगल हो गया। अब राजकुमार वहाँ नहीं आते थे। अब वे स्वयं राजा हैं। सुकुमार पौधे सूख गये। विशालकाय वृक्षों ने अपनी शाखाओं से जकड़ लिया। उस गहन वन में एक कोने में पर्णकुटी थी। उसमें एक स्त्री और उसका पुत्र, दोनों रहते थे।

दोनों बहेलिये का व्यवसाय करते; उसी से उनका जीवन-निर्वाह होता। पक्षियों को फँसाकर नागरिकों के हाथ वह बालक बेचा करता, कभी-कभी मृग-शावक भी पकड़ ले आता।

एक दिन वन-पालिका का पुत्र एक सुंदर कुरंग पकड़कर नगर की ओर बेचने के लिए ले गया। उसकी पीठ पर बड़ी अच्छी बूटियाँ थीं। वह दर्शनीय था। राजा का पुत्र अपने टट्टू पर चढ़कर घूमने निकला था, उसके रक्षक साथ थे। राजपुत्र मचल गया। किशोर मूल्य माँगने लगा। रक्षकों ने कुछ देकर उसे छीन लेना चाहा। किशोर ने कुरंग का फंदा ढीला कर दिया। वह छलाँग भरता हुआ निकल गया। राजपुत्र अत्यंत हठी था, वह रोने लगा। रक्षकों ने किशोर को पकड़ लिया। वे उसे राजमंदिर की ओर ले चले।

वातायन से रानी ने देखा, उसका लाल रोता हुआ लौट रहा है। एक आँधी-सी आ गई। रानी ने समाचार सुनकर उस बहेलिये के लड़के को बेंतों से पीटे जाने की आज्ञा दी।

किशोर ने बिना रोए-चिल्लाए और आँसू बहाये बेंतों की चोट सहन की। उसका सारा अंग क्षत-विक्षत था, पीड़ा से चल नहीं सकता था। मृगया से लौटते हुए राजा ने देखा। एक बार दया तो आई, परंतु उसका कोई उपयोग न हुआ। रानी की आज्ञा थी। वन-पालिका ने राजा के निकल जाने पर किशोर को गोद में उठा लिया। अपने आँसुओं से घाव धोते हुए, उसने कहा—"आह! वे कितने निर्दयी हैं!"

फिर कई वर्ष बीत गये। नवीन राजपुत्र को मृगया की शिक्षा के लिए, लक्ष्य साधने के लिए, वही नगरोपकंठ का वन स्थिर हुआ। वहाँ राजपुत्र हिरणों पर, पक्षियों पर तीर चलाता। वन-पालिका को अब फिर कुछ लाभ होने लगा। हिरणों को हाँकने से, पक्षियों का पता बताने से, कुछ मिल जाता। परंतु उसका पुत्र किशोर राजकुमार की मृगया में भाग न लेता।

एक दिन वसंत की उजली धूप में राजा अपने राजपुत्र की मृगया-परीक्षा लेने के लिए, सोलह बरस बाद, उस जंगल में आये। राजा का मुँह एक बार

विवर्ण हो गया। उस कुसुम-कानन के सभी सुकुमार पौधे सूखकर लोप हो गये हैं। उनकी पेड़ियों में कहीं-कहीं दो-एक अंकुर निकलकर अपने प्राचीन बीज का निर्देश करते थे। राजा स्वप्न के समान उस अतीत की कल्पना कर रहे थे।

अहेरियों के वेश में राजपुत्र और उनके समवयस्क जंगल में आये। किशोर भी अपना धनुष लिए एक ओर खड़ा था। कुरंग पर तीर छूटे। किशोर का तीर कुरंग के कंठ को बेधकर राजपुत्र की छाती में घुस गया। राजपुत्र अचेत होकर गिर पड़ा। किशोर पकड़ लिया गया।

इधर वन-पालिका राजा के आने का समाचार सुनकर फूल खोजने लगी थी। उस जंगल में अब कामिनी-कुसुम नहीं थे। उसने मधूक और दूर्वा की सुन्दर माला बनाई, यही उसे मिले थे।

राजा क्रोध से उन्मत्त थे। प्रतिहिंसा से कड़ककर बोले– "मारो!"–बधिकों के तीर छूटे। वह कमनीय-कलेवर किशोर पृथ्वी पर लेटने लगा। ठीक उसी समय मधूक-मालिका लिए वन-पालिका राजा के सामने पहुँची।

कठोर नियति जब अपना विधान पूर्ण कर चुकी थी, तब कामिनी किशोर के शव के पास पहुँची! पागल-सी उसने माला राजा के ऊपर फेंकी और किशोर को गोद में बैठा लिया। उसकी निश्चेष्ट आँखें मौन भाषा में जैसे माँ-माँ कह रही थीं! उसने हृदय में घुस जाने वाली आँखों से एक बार राजा की ओर देखा। और भी देखा–राजपुत्र का शव!

राजा एक बार आकाश और पृथ्वी के बीच में हो गये। जैसे वह कहाँ-से-कहाँ चले आये। राजपुत्र का शोक और क्रोध, वेग से बहती हुई बरसाती नदी की धारा में बुल्ले के समान बह गया। उनका हृदय विषय- शून्य हो गया। एक बार सचेत होकर उन्होंने देखा और पहचाना–अपना वही–'जीर्ण कौशेय उष्णीश।'–'वन-पालिका!'

"राजा"–कामिनी की आँखों में आँसू नहीं थे।

"यह कौन था?"

गंभीर स्वर में सिर नीचा किये वन-पालिका ने कहा–"अपराधी।"

•

प्रणय-चिह्न

1

"क्या अब वे दिन लौट आएँगे? आशाभरी संध्याएँ, वह उत्साह-भरा हृदय—जो किसी के संकेत पर शरीर से अलग होकर उछलने को प्रस्तुत हो जाता था—क्या हो गया?

जहाँ तक दृष्टि दौड़ती है, जंगलों की हरियाली। उनसे कुछ बोलने की इच्छा होती है, उत्तर पाने की उत्कंठा होती है। वे हिलकर रह जाते हैं, उजली धूप जलाती हुई नाचती निकल जाती है। नक्षत्र चुपचाप देखते रहते हैं—चाँदनी मुसकराकर घूँघट खींच लेती है। कोई बोलने वाला नहीं! मेरे साथ दो बातें कर लेने की जैसे सबने शपथ ले ली है। रात खुलकर रोती भी नहीं—चुपचाप ओस के आँसू गिराकर चल देती है। तुम्हारे निष्फल प्रेम में निराश होकर बड़ी इच्छा हुई थी, मैं किसी से संबंध न रखकर समचुच अकेला हो जाऊँ। इसलिए जन-संसर्ग से दूर इस झरने के किनारे आकर बैठ गया, परंतु अकेला ही न आ सका, तुम्हारी चिंता बीच-बीच में बाधा डालकर मन को खींचने लगी। इसलिए फिर किसी से बोलने की, लेन-देन की, कहने-सुनने की कामना बलवती हो गई।

परंतु कोई न कुछ कहता और न सुनता है। क्या सचमुच हम संसार से निर्वासित हैं—अछूत हैं! विश्व का यह नीरव तिरस्कार असह्य है। मैं उसे हिलाऊँगा; उसे झकझोरकर उत्तर देने के लिए बाध्य करूँगा।"

कहते-कहते एकांतवासी गुफा के बाहर निकल पड़ा। सामने झरना था, उसके पार पथरीली भूमि। वह उधर न जाकर झरने के किनारे-किनारे चल पड़ा। बराबर चलने लगा, जैसे समय चलता है।

सोता आगे बढ़ते-बढ़ते छोटा होता गया। क्षीण, फिर क्रमशः और क्षीण होकर मरुभूमि में जाकर विलीन हो गया। अब उसके सामने सिकता-समुद्र! चारों ओर धू-धू करती हुई बालू से मिली समीर की उत्ताल तरंगें। वह खड़ा हो गया। एक बार चारों ओर आँख फिराकर देखना चाहा, पर कुछ नहीं, केवल बालू के थपेड़े।

साहस करके पथिक् आगे बढ़ने लगा। दृष्टि काम नहीं देती थी, हाथ-पैर अवसन्न थे। फिर भी चलता गया। विरल छाया वाले खजूर-कुंज तक पहुँचते-पहुँचते वह गिर पड़ा। न जाने कब तक अचेत पड़ा रहा।

एक पथिक् पथ भूलकर वहाँ विश्राम कर रहा था। उसने जल के छींटे दिये। एकांतवासी चैतन्य हुआ। देखा, एक मनुष्य उसकी सेवा कर रहा है। नाम पूछने पर मालूम हुआ—सेवक।

"तुम कहाँ जाओगे?" उसने पूछा।

"संसार से घबराकर एकांत में जा रहा हूँ।"

"और मैं एकांत से घबराकर संसार में जाना चाहता हूँ।"

"क्या एकांत में कुछ सुख नहीं मिला?"

"सब सुख था—एक दुःख, पर वह बड़ा भयानक दुःख था। अपने सुख को मैं किसी से प्रकट नहीं कर सकता था, इससे बड़ा कष्ट था।"

"मैं उस दुःख का अनुभव करूँगा।"

"प्रार्थना करता हूँ, उसमें न पड़ो।"

"तब क्या करूँ?"

"लौट चलो; हम लोग बातें करते हुए जीवन बिता देंगे!"

"नहीं, तुम अपनी बातों में विष उगलोगे।"

"अच्छा, जैसी तुम्हारी इच्छा।"

दोनों विश्राम करने लगे। शीतल पवन ने सुला दिया। गहरी नींद लेने पर जागे। एक-दूसरे को देखकर मुसकराने लगे। सेवक ने पूछा—"आप तो इधर से आ रहे हैं, कैसा पथ है?"

"निर्जन मरुभूमि।"

"तब तो मैं न जाऊँगा; नगर की ओर लौट जाऊँगा। तुम भी चलोगे?"

"नहीं, इस खजूर-कुंज को छोड़कर मैं कहीं न जाऊँगा। तुमसे बोलचाल कर लेने पर और लोगों से मिलने की इच्छा जाती रही। जी भर गया।"

"अच्छा, तो मैं जाता हूँ। कोई काम हो, तो बताओ, कर दूँगा।"

"मेरा! मेरा कोई काम नहीं।"

"सोच लो।"

"नहीं, वह तुमसे न होगा।"

"देखूँगा, संभव है, हो जाय।"

"लूनी नदी के उस पार रामनगर के जमींदार की एक सुंदर कन्या है; उससे कोई संदेश कह सकोगे?"

"चेष्टा करूँगा। क्या कहना होगा?"

"तीन बरस से तुम्हारा जो प्रेमी निर्वासित है, वह खजूर-कुंज में विश्राम कर रहा है। तुमसे एक चिह्न पाने की प्रत्याशा में ठहरा है। अबकी बार वह अज्ञात विदेश में जाएगा। फिर लौटने की आशा नहीं है।"

सेवक ने कहा—"अच्छा, जाता हूँ, परंतु ऐसा न हो कि तुम यहाँ से चले जाओ; वह मुझे झूठा समझे।"

"नहीं, मैं यहीं प्रतीक्षा करूँगा।"

सेवक चला गया। खजूर के पत्तों से झोंपड़ी बनाकर एकांतवासी फिर रहने लगा। उसको बड़ी इच्छा होती कि कोई भूला-भटका पथिक आ जाता, तो खजूर और मीठे जल से उसका आतिथ्य करके वह एक बार गृहस्थ बन जाता।

परन्तु कठोर अदृष्ट-लिपि! उसके भाग्य में एकांतवास ज्वलंत अक्षरों में लिखा था। कभी-कभी पवन के झोंके से खजूर के पत्ते खड़खड़ा जाते, वह चौंक उठता। उसकी अवस्था पर वह क्षीणकाय स्रोत रोगी के समान हँस देता। चाँदनी में दूर तक मरुभूमि सादी चित्रपटी-सी दिखाई देती।

2

माँ भूखी थी। बुढ़िया झोंपड़ी में दाने ढूँढ रही थी। उस पार नदी के किनारे पर दोनों की धुँधली प्रतिकृति दिखाई दे रही थी। पश्चिम के क्षितिज में नीचे अस्त हुआ सूर्य बादलों पर अपना रंग फेंक रहा था। बादल नीचे जल पर छायादान कर रहा था। नदी में धूप-छाँह बिछी थी। 'सेवक' डोंगी लिए, इधर यात्री की आशा में, बालू के रूखे तट से लगा बैठा था।

उसके केवल माँ थी। वह युवक था। स्वामी-कन्या से वह किसी प्रेमी का संदेश कह रहा था; राजा (जमींदार) को संदेह हुआ। वे क्रूद्ध हुए, बिगड़ गये, परंतु कन्या के अनुरोध से उसके प्राण बच गये। तब से वह डोंगी चलाकर अपना पेट पालता था।

तमिस्रा आ रही थी। निर्जन प्रदेश नीरव था। लहरियों का कल-कल बन्द था। उसकी दोनों आँखें प्रतीक्षा की दूती थीं। कोई आ रहा है! और भी ठहर जाऊँ—नहीं, लौट चलूँ। डाँड़ डोंगी से जल में गिरा दिये। 'छप' शब्द हुआ। उसे सिकता-तट पर भी पद-शब्द की भ्रांति हुई। रुककर देखने लगा।

''माँझी, उस पार चलोगे?'' एक कोमल कंठ, वंशी की झनकार।

''चलूँगा क्यों नहीं, उधर ही तो मेरा घर है। मुझे लौटकर जाना है।''

''मुझे भी आवश्यक कार्य है। मेरा प्रियतम उस पार बैठा है। उससे मिलना है। जल्द ले चलो''—यह कहकर एक रमणी आकर बैठ गई। डोंगी हल्की हो गई, जैसे चलने के लिए नाचने लगी हो। सेवक संध्या के गहरे प्रकाश में उसे आँखें गड़ाकर देखना चाहता था। रमणी खिलखिलाकर हँस पड़ी। बोली—''सेवक, तुम मुझे देखते रहोगे कि खेना आरंभ करोगे।''

''मैं देखता चलूँगा, खेता चलूँगा। बिना देखे भी कोई खे सकता है।''

''अच्छा, वही सही। देखो, पर खेते भी चलो। मेरा प्रिय कहीं लौट न जाय, कहीं लौट न जाय; शीघ्रता करो।''—रमणी की उत्कंठा उसके उभरते हुए वक्ष-स्थल में श्वास बनकर फूल रही थी। सेवक डाँड़ चलाने लगा। दो-चार नक्षत्र नील-गगन से झाँक रहे थे। अवरुद्ध समीर नदी की शीतल चादर पर खुलकर लोटने लगा। सेवक तल्लीन होकर खे रहा था। रमणी ने पूछा—''तुम्हारे और कौन है?''

''कोई नहीं, केवल माँ है।''

नाव किनारे पहुँच गई। रमणी उतरकर खड़ी हो गई। बोली—''तुमने बड़े ठीक समय से पहुँचाया। परंतु मेरे पास क्या है, जो तुम्हें पुरस्कार दूँ।''

वह चुपचाप उसका मुँह देखने लगा।

रमणी बोली—''मेरा जीवन-धन जा रहा है। एक बार उससे अंतिम भेंट करने आई हूँ। एक अँगूठी उसे अपना चिह्न देने के लिए लाई हूँ और कुछ नहीं है। परंतु तुमने इस अंतिम मिलन में बड़ी सहायता की है, तुम्हीं ने उसका संदेश पहुँचाया। तुम्हें कुछ दिये बिना हमारा मिलन असफल होगा, यह चिह्न अँगूठी तुम्हीं ले लो।''

सेवक ने अँगूठी लेते हुए पूछा–"और तुम अपने प्रियतम को क्या चिह्न दोगी?"

"अपने को स्वयं दे दूँगी। लौटना व्यर्थ है। अच्छा, धन्यवाद!" रमणी तीर-वेग से चली गई।

वह हक्का-बक्का खड़ा रह गया। आकाश के हृदय में तारा चमकता था; उसके हाथ में अँगूठी का रत्न। उससे तारे का मिलान करते-करते झोंपड़ी में पहुँचा। माँ भूखी थी। इसे बेचना होगा, यही चिंता थी। माँ ने जाते ही कहा–"कब से भोजन बनाकर बैठी हूँ, तू आया नहीं। बड़ी अच्छी मछली मिली थी। ले, जल्द खा ले।" वह प्रसन्न हो गया।

3

एकांतवासी बैठा हुआ खजूर इकट्ठा कर रहा था। अभी प्रभात का कोमल सूर्य खगोल में बहुत ऊँचा नहीं था। एक सुनहली किरण-सी रमणी सामने आ गई। आत्मविस्मृत होकर एकांतवासी देखने लगा।

"स्वागत अतिथि! आओ, बैठो।"

रमणी ने आतिथ्य स्वीकार किया। बोली–"मुझे पहचानते हो?"

"तुम्हें न पहचानूँगा, प्रियतमे! अनंत पथ का पाथेय कोई प्रणय-चिह्न ले आई हो; तो मुझे दे दो। इसीलिए ठहरा हूँ।"

"लौट चलो। इस भीषण एकांत से तुम्हारा मन नहीं भरा?"

"कहाँ चलूँगा? तुम्हारे साथ जीवन व्यतीत करने का साधन नहीं; करने भी न पाऊँगा, लौटकर क्या करूँगा? मुझे केवल चिह्न दे दो, उसी से मन बहलाऊँगा।"

"मैं उसे पुरस्कार-स्वरूप दे आई हूँ। उसे पाने के लिए तो लूनी के तट तक चलना होगा।"

"तो चलूँगा।"

यात्रा की तैयारी हुई। दोनों लौट चले।

सेवक जब संध्या को डोंगी लेकर लौटता है; तब उसके हृदय में उस रमणी की सुध आ जाती है। वह अँगूठी निकालकर देखता और प्रतीक्षा करता है कि रमणी लौटे, तो उसे दे दूँ। उसे विश्वास था, कभी तो वह आवेगी।

डोंगी नीचे बँधी थी। वह झोंपड़ी से निकलकर चला ही था कि सामने रमणी आती दिखाई पड़ी। साथ में एक पुरुष था। न जाने क्यों, वह डोंगी पर जा बैठा। दोनों तीर पर आकर खड़े हो गये। रमणी ने पूछा–"मुझे पहचानते हो?"

"अच्छी तरह।"

"मैंने तुम्हें कुछ पुरस्कार दिया था। वह मेरा प्रणय-चिह्न था। मेरा प्रिय मुझे नहीं लेगा, उसी चिह्न को लेगा। इसलिए तुमसे विनती करती हूँ कि उसे दे दो।"

"यह अन्याय है। मेरी मजूरी मुझसे न छीनो।"

"मैं भीख माँगती हूँ।"

"मैं दरिद्र हूँ, देने में असमर्थ हूँ।"

निरुपाय होकर रमणी ने एकांतवासी की ओर देखा। उसने कहा–"तुमने तो उसे लौटा देने के लिए ही रख छोड़ा है। वह देखो, तुम्हारी उँगली में चमक रहा है, क्यों नहीं दे देते?"

"मैं समझ गया, इसका मूल्य परिश्रम से अधिक है। तो चलो, अबकी दोनों की सेवा करके इसका मूल्य पूरा कर दूँ परंतु दया करके इसे मेरे ही पास रहने दो। जिन्हें विदेश जाना है, उनको नौका की यात्रा बड़ी सुखद होती है।"–कहकर एक बार उसने झोंपड़ी की ओर देखा। बुढ़िया मर चुकी थी। खाली झोंपड़ी की ओर से उसने मुँह फिरा लिया। डाँड़ जल में गिरा दिये।

रमणी ने कहा–"चलो, यात्रा तो करनी ही है, बैठ जायें।"

एकांतवासी हँस पड़ा। दोनों नाव पर बैठ गये। नाव धारा में बहने लगी।

रमणी ने हँसकर पूछा–"केवल देखोगे या खेओगे भी?"

"नाव स्वयं बहेगी; मैं केवल देखूँगा ही।"

•

रूप की छाया

काशी के घाटों की सौध-श्रेणी जाह्नवी के पश्चिम तट पर धवल शैलमाला-सी खड़ी है। उनके पीछे दिवाकर छिप चुके। सीढ़ियों पर विभिन्न वेश-भूषा वाले भारत के प्रत्येक प्रांत के लोग टहल रहे हैं। कीर्तन, कथा और कोलाहल से जाह्नवी-तट पर चहल-पहल है।

एक युवती भीड़ से अलग एकांत में ऊँची सीढ़ी पर बैठी हुई भिखारी का गीत सुन रही है, युवती कानों से गीत सुन रही है, आँखों से सामने का दृश्य देख रही है। हृदय-शून्य था, तारा-मंडल के विराट् गगन के समान शून्य और उदास। सामने गंगा के उस पार चमकीली रेत बिछी थी। उसके बाद वृक्षों की हरियाली के ऊपर नीला आकाश, जिसमें पूर्णिमा का चंद्र, फीके बादल के गोल टुकड़े के सदृश, अभी दिन रहते ही गंगा के ऊपर दिखाई दे रहा है। जैसे मंदाकिनी में जल-विहार करने वाले किसी देव-द्वंद्व की नौका का गोल पाल। दृश्य के स्वच्छ पट में काले-काले बिंदु दौड़ते हुए निकल गये। युवती ने देखा, वह किसी उच्च मंदिर में से उड़े हुए कपोतों का एक झुंड था। दृष्टि फिरकर वहाँ गई, जहाँ टूटी काठ की चौकी पर विवर्ण-मुख, लंबे असंयत बाल और फटा कोट पहने एक युवक कोई पुस्तक पढ़ने में निमग्न था।

युवती का हृदय फड़कने लगा। वह उतरकर एक बार युवक के पास तक आई, फिर लौट गई। सीढ़ियों के ऊपर चढ़ते-चढ़ते उसकी एक प्रौढ़ा संगिनी मिल गई। उससे बड़ी घबराहट में युवती ने कुछ कहा और स्वयं वहाँ से चली गई।

प्रौढ़ा ने आकर युवक के एकांत अध्ययन में बाधा दी और पूछा—''तुम विद्यार्थी हो?''

"हाँ, मैं हिन्दू-स्कूल में पढ़ता हूँ?"

"क्या तुम्हारे घर के लोग यहीं हैं?"

"नहीं, मैं एक विदेशी, निस्सहाय विद्यार्थी हूँ।"

"तब तुम्हें सहायता की आवश्यकता है?"

"यदि मिल जाय, मुझे रहने के स्थान का बड़ा कष्ट है।"

"हम लोग दो-तीन स्त्रियाँ हैं। कोई अड़चन न हो, तो हम लोगों के साथ रह सकते हो।"

"बड़ी प्रसन्नता से, आप लोगों का कोई छोटा-मोटा काम भी कर दिया करूँगा।"

"अभी चल सकते हो?"

"कुछ पुस्तक और सामान है, उन्हें लेता आऊँ।"

"ले आओ, मैं बैठी हूँ।"

युवक चला गया।

गंगा-तट पर एक कमरे में उज्ज्वल प्रकाश फैल रहा था। युवक विद्यार्थी बैठा हुआ व्यालू कर रहा था। अब वह कॉलेज के छात्रों में है। उसका रहन-सहन बदल गया है। वह एक सुरुचि-संपन्न युवक हो गया है। अभाव उससे दूर हो गये थे।

प्रौढ़ा परसती हुई बोली—"क्यों शैलनाथ! तुम्हें अपनी चाची का स्मरण होता है?"

"नहीं तो, मेरे कोई चाची नहीं है।"

दूर बैठी हुई युवती ने कहा—"जो अपनी स्मृति के साथ विश्वासघात करता है, उसे कौन स्मरण दिला सकता है।"

युवक ने हँसकर इस व्यंग्य को उड़ा दिया। चुपचाप घड़ी का टिक-टिक शब्द सुनता और मुँह चलाता जा रहा था। मन में मनोविज्ञान का पाठ सोचता जाता था—"मन क्यों एक बार एक ही विषय का विचार कर सकता है?"

प्रौढ़ा चली गई। युवक हाथ-मुँह धो चुका था। सरला ने पान बनाकर दिया और कहा—"क्या एक बात मैं भी पूछ सकती हूँ?"

"उत्तर देने ही में तो छात्रों का समय बीतता है, पूछिये।"

"कभी तुम्हें रामगाँव का स्मरण होता है? यमुना की लोल लहरियों में से

निकलता हुआ अरुण और उसके श्यामल तट का प्रभात स्मरण होता है? स्मरण होता है, एक दिन हम लोग कार्तिक पूर्णिमा-स्नान को गये थे, मैं बालिका थी, तुमने मुझे फिसलते देखकर हाथ पकड़ लिया था, इस पर साथ की और स्त्रियाँ हँस पड़ी थीं, तुम लज्जित हो गये थे।''

पच्चीस वर्ष के बाद युवक छात्र ने अपने जीवन-भर में जैसे आज ही एक आश्चर्य की बात सुनी हो, वह बोल उठा—''नहीं तो।''

कई दिन बीत गये।

गंगा के स्थिर जल में पैर डाले हुए, नीचे की सीढ़ियों पर सरला बैठी हुई थी। कारुकार्य-खचित-कंचुकी के ऊपर कंधे के पास सिकुड़ी हुई साड़ी; आधा खुला हुआ सिर, बंकिम ग्रीवा और मस्तक में कुंकुम-बिंदु—महीन चादर में—सब अलग-अलग दिखाई दे रहे थे। मोटी पलकों वाली बड़ी-बड़ी आँखें गंगा के हृदय में से मछलियों को ढूँढ निकालना चाहती थीं। कभी-कभी वह बीच धारा में बहती हुई डोंगी को देखने लगती। खेने वाला जिधर जा रहा है उधर देखता ही नहीं। उलटे बैठकर डाँड़ चला रहा है। कहाँ जाना है, इसकी उसे चिंता नहीं।

सहसा शैलनाथ ने आकर पूछा—''मुझे क्यों बुलाया है?''

''बैठ जाओ।''

शैलनाथ पास ही बैठ गया। सरला ने कहा—''अब तुम नहीं छिप सकते। तुम्हीं मेरे पति हो, तुम्हीं से मेरा बाल-विवाह हुआ था, एक दिन चाची के बिगड़ने पर सहसा घर से निकलकर कहीं चले गये, फिर न लौटे। हम लोग आजकल अनेक तीर्थों में तुम्हें खोजती हुई भटक रही हैं। तुम्हीं मेरे देवता हो; तुम्हीं मेरे सर्वस्व हो। कह दो—हाँ!''

सरला जैसे उन्मादिनी हो गई है। यौवन की उत्कंठा उसके बदन पर बिखर रही थी। प्रत्येक अंग में अँगड़ाई, स्वर में मरोर, शब्दों में वेदना का संचार था। शैलनाथ ने देखा, कुमुदों से प्रफुल्लित शरत्काल के ताल-सा भरा यौवन। सर्वस्व लुटाकर चरणों में लोट जाने के योग्य सौंदर्य-प्रतिमा। मन को मचला देने वाला विभ्रम, धैर्य को हिलाने वाली लावण्य लीला। वक्षस्थल में हृदय जैसे फैलने लगा। वह 'हाँ' कहने ही को था परंतु सहसा उसके मुँह से निकल पड़ा—

''यह सब तुम्हारा भ्रम है। भद्रे! मुझे हृदय के साथ ही मस्तिष्क भी है।''

''गंगाजल छूकर बोल रहे हो! फिर से सच कहो!''

युवक ने देखा, गोधूलि-मलिना-जाह्नवी के जल में सरला के उज्ज्वल रूप की छाया चंद्रिका के समान पड़ रही है। गंगा का उतना अंश मुकुट-सदृश धवल था। उसी में अपना मुख देखते हुए शैलनाथ ने कहा–"भ्रम है सुंदरी, तुम्हें पाप होगा।"

"हाँ, परंतु वह पाप, पुण्य बनने के लिए उत्सुक है।"

"मैं जाता हूँ। सरला, तुम्हें रूप की छाया ने भ्रांत कर दिया है। अभागों को सुख भी दुःख ही देता है। मुझे और कहीं आश्रय खोजना पड़ेगा।"

शैलनाथ उठा और चला गया।

विमूढ़ सरला कुछ न बोल सकी। वह क्षोभ और लज्जा से गड़ी जाने लगी। क्रमशः घनीभूत रात में सरला के रूप की छाया भी विलीन हो गई।

ज्योतिष्मती

तामसी रजनी के हृदय में नक्षत्र जगमगा रहे थे। शीतल पवन की चादर उन्हें ढँक लेना चाहती थी, परंतु वे निविड़ अंधकार को भेदकर निकल आये थे, फिर यह झीना आवरण क्या था!

बीहड़, शैल-संकुल वन्य प्रदेश, तृण और वनस्पतियों से घिरा था। वसंत की लताएँ चारों ओर फैली हुई थीं! हिमवान की उच्च उपत्यका प्रकृति का एक सजीव, गंभीर और प्रभावशाली चित्र बनी थी!

एक बालिका, सूक्ष्म कँवल-वासिनी सुंदरी बालिका चारों ओर देखती हुई चुपचाप चली जा रही थी। विराट् हिमगिरि की गोद में वह शिशु के समान खेल रही थी। बिखरे हुए बालों को सम्हालकर उन्हें वह बार-बार हटा देती थी और पैर बढ़ाती हुई चली जा रही थी। वह एक क्रीड़ा-सी थी। परंतु सुप्त हिमाचल उसका चुंबन न ले सकता था। नीरव प्रदेश उस सौंदर्य से आलोकित हो उठा था। बालिका न जाने क्या खोजती चली जाती थी। जैसे शीतल जल का एक स्वच्छ सोता एकाग्रमन से बहता जाता हो।

बहुत खोजने पर भी उसे वह वस्तु न मिली, जिसे वह खोज रही थी। संभवतः वह स्वयं खो गई। पथ भूल गया, अज्ञात प्रदेश में जा निकली। सामने निशा की निस्तब्धता भंग करता हुआ एक निर्झर कलरव कर रहा था। सुंदरी ठिठक गई। क्षण भर के लिए तमिस्रा की गंभीरता ने उसे अभिभूत कर लिया। हताश होकर शिला-खंड पर बैठ गई।

वह श्रांत हो गयी थी। नील निर्झर का तम-समुद्र में संगम, एकटक वह घंटों देखती रही। आँखें ऊपर उठतीं, तारागण झलझला जाते थे। नीचे निर्झर छलछलाता था। उसकी जिज्ञासा का कोई स्पष्ट उत्तर न देता। मौन प्रकृति के देश में न स्वयं कुछ कह सकती और न उनकी बात समझ में आती। अकस्मात्

किसी ने पीठ पर हाथ रख दिया। वह सिहर उठी, भय का संचार हो गया। कंपित स्वर से बालिका ने पूछा, "कौन?"

"यह मेरा प्रश्न है। इस निर्जन निशीथ में जब सत्व विचरते हैं, दस्यु घूमते हैं, तुम यहाँ कैसे?" गंभीर कर्कश कंठ से आगंतुक ने पूछा।

सुकुमारी बालिका सत्वों और दस्युओं का स्मरण करते ही एक बार काँप उठी। फिर सँभलकर बोली—"मेरी वह नितांत आवश्यकता है। वह मुझे भय ही सही, तुम कौन हो?"

"एक साहसिक—"

"साहसिक और दस्यु तो क्या, सत्व भी हो, तो उसे मेरा काम करना होगा।"

"बड़ा साहस है! तुम्हें क्या चाहिए, सुंदरी? तुम्हारा नाम क्या है?"

"वनलता!"

"बूढ़े वनराज, अंधे वनराज की सुंदरी बालिका वनलता?"

"हाँ।"

"जिसने मेरा अनिष्ट करने में कुछ भी उठा न रखा, वही वनराज!" क्रोध-कंपित स्वर से आगंतुक ने कहा।

"मैं नहीं जानती, पर क्या तुम मेरी याचना पूरी करोगे?"

शीतल प्रकाश में लम्बी छाया जैसे हँस पड़ी और बोली—"मैं तुम्हारा विश्वस्त अनुचर हूँ। क्या चाहती हो, बोलो?"

"पिताजी के लिए ज्योतिष्मती चाहिए।"

"अच्छा चलो, खोजें।" कहकर आगंतुक ने बालिका का हाथ पकड़ लिया। दोनों बीहड़ वन में घुसे। ठोकरें लग रही थीं, अँगूठे क्षत-विक्षत थे। साहसिक की लंबी डगों के साथ बालिका हाँफती हुई चली जा रही थी।

सहसा साथी ने कहा—"ठहरो, देखो, वह क्या है?"

श्याम सघन, तृण-संकुल शैल-मंडल पर हिरण्यलता तारा के समान फूलों से लदी हुई मंद मारुत से विकंपित हो रही थी। पश्चिम में निशीथ के चतुर्थ प्रहार में अपनी स्वल्प किरणों से चतुर्दशी का चंद्रमा हँस रहा था। पूर्व प्रकृति अपने स्वप्न-मुकुलित नेत्रों को आलस से खोल रही थी। वनलता का बदन सहसा खिल उठा। आनंद से हृदय अधीर होकर नाचने लगा। वह बोल उठी—"यही तो है।"

साहसिक अपनी सफलता पर प्रसन्न होकर आगे बढ़ना चाहता था कि वनलता ने कहा—"ठहरो, तुम्हें एक बात बतानी होगी।"

"वह क्या है?"

"जिसे तुमने कभी प्यार किया हो, उससे कोई आशा नहीं रखते?"

"सुंदरी! पुण्य की प्रसन्नता का उपभोग न करने से वह पाप हो जाएगा।"

"तब तुमने किसी को प्यार किया है?"

"क्यों? तुम्हीं को!" कहकर आगे बढ़ा।

"सुनो, सुनो; जिसने चंद्रशालिनी ज्योतिष्मती रजनी के चारों पहर कभी बिना पलक लगे प्रिय की निश्छल चिंता में न बिताए हों, उसे ज्योतिष्मती न छूनी चाहिए। इसे जंगल के पवित्र प्रेमी ही छूते हैं, ले आते हैं, तभी इसका गुण..."

वनलता की इन बातों को बिना सुने हुए वह बलिष्ठ युवक अपनी तलवार की मूँठ दृढ़ता से पकड़कर वनस्पति की ओर अग्रसर हुआ।

बालिका छटपटाकर कहने लगी—"हाँ-हाँ, छूना मत; पिताजी की आँखें, आह!" तब तक साहसिक की लंबी छाया ने ज्योतिष्मती पर पड़ती हुई चंद्रिका को ढँक लिया। वह एक दीर्घ निश्वास फेंककर जैसे सो गई। बिजली के फूल मेघ में विलीन हो गये। चंद्रमा खिसककर पश्चिमी शैलमाला के नीचे जा गिरा।

वनलता—झंझावात से भग्न होते हुए वृक्ष की वनलता के समान वसुधा का आलिंगन करने लगी और साहसिक युवक के ऊपर कालिमा की लहर टकराने लगी।

•

रमला

साजन के मन में नित्य वसंत था। वही वसंत जो उत्साह और उदासी का समझौता कराता, वह जीवन के उत्साह से कभी विरत नहीं, न जाने कौन-सी आशा की लता उसके मन में कली लेती रहती। तिस पर भी उदासीन साजन उस बड़ी-सी झील के तट पर, प्रायः निश्चेष्ट अजगर की तरह पड़ा रहता। उसे स्मरण नहीं, कब से वहाँ रहता था। उसका सुंदर सुगठित शरीर बिना देख-रेख के अपनी इच्छानुसार मलिनता में भी चमकता रहता। उस झील का वह एकमात्र स्वामी था, रक्षक था, सखा था।

शैलमाला की गोद में वह समुद्र का शिशु कलोल करता, उस पर से अरुण की किरणें नाचती हुई, अपने को शीतल करती चली जातीं। मध्याह्न में दिवस ठहर जाता—उसकी लघु वीचियों का कंपन देखने के लिए। संध्या होते, उसके चारों ओर के वृक्ष अपनी छाया के अंचल में छिपा लेना चाहते; परंतु उसका हृदय उदार था, मुक्त था, विराट् था। चाँदनी उसमें अपना मुँह देखने लगती और हँस पड़ती।

और साजन! वह भी अपने निर्जन सहचर का उसके शांत सौंदर्य में अभिनंदन करता। हुलसकर उसमें कूद पड़ता, यही उसका स्नेहातिरेक था।

साजन की साँसें उसकी लहरियों से स्वर-सामंजस्य बनाये रहतीं। यह झील उसे खाने के लिए कमलगट्टे देती, सिंघाड़े देती, कोंईबेर्रा, और भी कितनी वस्तु बिखेरती। वही साजन की गृहिणी थी, स्नेहमयी, कभी-कभी वह उसे पुकार उठता, बड़े उल्लास से बुलाता—'रानी!' प्रतिध्वनित होती, ई-ई-ई...। वह खिलखिला उठता, आँखें विकस जातीं, रोएँ-रोएँ हँसने लगते। फिर सहसा वह अपनी उदासी में डूब जाता, तब तारा छाई रात उस पर श्याम अंचल डाल देती। कभी-कभी वृक्ष की जड़ से ही सिर लगाकर सो रहता।

ऐसे ही कितने ही बरस बीत गये।

उधर पशु चराने के लिए गोप-बालक न जाते। दूर-दूर के गाँव में यह विश्वास था कि रमला झील पर कोई जलदेवता रहता है। उधर कोई झाँकता भी नहीं। वह संसर्ग से वंचित देश अपनी विभूति में अपने ही मस्त था।

रमला भी बड़ी ढीठ थी। वह गाँवभर में सबसे चंचल लड़की थी। लड़की क्यों, वह युवती हो चली थी। उसका ब्याह नहीं हुआ था; वह अपनी जाति भर में सबसे अधिक गोरी थी, तिस पर भी उसका नाम पड़ गया था रमला! वह ऐसी बाधा थी कि ब्याह होना असंभव हो गया। उसमें सबसे बड़ा दोष यह था कि वह बड़े-बड़े लड़कों को भी उनकी ढिठाई पर चपत लगाकर हँस देती थी। झील के दक्षिण की पहाड़ी से कोसों दूर पर उसका गाँव था।

मंजल भी कम दुष्ट न था, वह प्रायः रमला को चिढ़ाया करता। उसने सब लड़कों से सलाह की—"रमला की पहाड़ी पर चला जाय।"

बालक इकट्ठे हुए। रमला भी आज पहाड़ी पर पशु चराने को ठहरी। सब चढ़ने लगे; परन्तु रमला सबके पहले थी। सबसे ऊँची चोटी पर खड़ी होकर उसने कहा—"लो, मैं सबके आगे ही पहुँची"—कहकर पास के लड़के को चपत लगा दी।

मंजल ने कहा—"उधर तो देखो! वह क्या है?"

रमला ने देखा सुंदर झील! वह उसे देखने में तन्मय हो गयी थी। प्रतिहिंसा से भरे हुए लड़के ने एक हल्का-सा धक्का दिया। यद्यपि वह उसके परिणाम से पूरी तरह परिचित नहीं था; फिर भी रमला को तो कष्ट भोगने के लिए कोई रुकावट न थी। वह लुढ़क चली, जब तक एक झाड़ को पकड़ती और वह उखड़कर गिरता, तब तक दूसरे पत्थर का कोना उसे चोट पहुँचाने पर अवलंब दे ही देता; किंतु पतन रुकना असंभव था। वह चोट खाते-खाते नीचे आ ही पड़ी। बालक गाँव की ओर भागे। रमला के घर वालों ने भी संतोष कर लिया।

साजन कभी-कभी रमला झील की फेरी लगाता। वह झील कई कोस में थी। जहाँ स्थल-पथ का पहाड़ी की बीहड़ शिलाओं से अंत हो जाता, वहाँ वह तैरने लगता। बीच-बीच में उसने दो-एक स्थान विश्राम के लिए बना लिए थे; वह स्थान और कुछ नहीं; प्राकृतिक गुहाएँ थीं। उसने दक्षिण की पहाड़ी के नीचे पहुँचकर देखा, एक किशोरी जल में पैर लटकाए बैठी है।

वह आश्चर्य और क्रोध से अपने होंठ चबाने लगा; क्योंकि एक गुफा वहीं पर थी। अब साजन क्या करे! उसने पुष्ट भुजा उठाकर दूर से पूछा—"तुम कौन? भागो।"

रमला एक मनुष्य की आकृति देखते ही प्रसन्न हो गई, हँस पड़ी। बोली—"मैं हूँ, रमला!"

"रमला! रमला रानी।"

"रानी नहीं, रमला।"

"रमला नहीं, रानी कहो, नहीं पीटूँगा, मेरी रानी!"—कहकर साजन झील की ओर देखने लगा।

"अच्छा, अच्छा रानी! तुम कौन हो?"

"मैं साजन, रानी का सहचर।"

"तुम सहचर हो? और मैं यहाँ आई हूँ, तुम मेरा कुछ सत्कार नहीं करते?"—हँसोड़ रमला ने कहा।

"आओ तुम!"—कहकर विस्मय से साजन उस किशोरी की ओर देखने लगा।

"हाँ मैं, तुम बड़े दुष्ट हो साजन! कुछ खिलाओ, कहाँ रहते हो? वहीं चलूँ।"

साजन घबराया, उसने देखा कि रमला उठ खड़ी हुई। उसने कहा—"तैरकर चलना होगा, आगे पथ नहीं है।"

वह कूद पड़ी और राजहंसी के समान तैरने लगी। साजन क्षणभर तक उस सुंदर संतरण को देखता रहा। उसकी दृष्टि का यह पहला महोत्सव था। उसे भी तो तैरने का विनोद था न। मन का विरोध उन लहरों के आंदोलन से घुलने लगा, अनिच्छा होने पर भी वह साथ देने के लिए कूद पड़ा। दोनों साथ-साथ तैर चले।

बहुत दिन बीत गये। रमला और साजन एकत्र रहने पर भी अलग थे। रमला का सब उत्साह उस एकांत नीरवता में धीरे-धीरे विलीन हो चला।

वह ऊब चली। उसकी गुफा में ढेर-के-ढेर कमलगट्टे फल पड़े रहते, उसे उन सब पदार्थों से वितृष्णा हो चली। साजन पालतू पशु के समान अपनी स्वामिनी से आज्ञा की अपेक्षा करता; परंतु रमला का उत्साह तो उस बंदीगृह से भाग जाने के लिए उत्सुक था।

साजन ने एक दिन पूछा—"क्या ले आऊँ?"

"कुछ नहीं।"

"कुछ नहीं? क्यों?"

"मैं अब जाऊँगी?"

"कहाँ?"

"जिधर जा सकूँगी।"

"तब यहीं क्यों नहीं रहती हो?"—अचानक साजन ने कहा।

रमला कुछ न बोली। उस झील पर रात आई, अपना जगमगाता चँदवा तानकर विश्राम करने लगी। रमला अपनी गुफा में सोने चली गई और साजन अपनी गुफा के पास बैठा एकटक रजनी का सौंदर्य देखने लगा। आज जैसे उसे स्मृति हुई—रमला के आ जाने से वह जिस बात को भूल गया था, उसके अंतर की वही भावना जाग उठी। साजन पुकार उठा—'रानी!' बहुत दिन के बाद उस झील की पहाड़ियाँ प्रतिध्वनि से मुखरित हो उठीं—ई-ई-ई।

रमला चौंककर जाग पड़ी। बाहर चली आई। उसने देखा, साजन झील की ओर मुँह किये पुकार रहा है—'रानी!' 'रानी!'—उसका कंठ गद्‌गद् है। चाँदनी आज निखर पड़ी थी। रमला ने सुना। साजन के स्वर में रुदन था। व्याकुलता थी। रमला ने उसके कंधे पर हाथ रख दिया—साजन सिहर उठा। उसने कहा—"कौन, रमला!"

"रमला नहीं—रानी।"

साजन विस्मय से देखने लगा। उसने पूछा—"तुम रानी हो?"

"हाँ, मुझी को तुम पुकारते थे न?"

"तुम्हीं...तुम्हीं...हाँ, तुम्हीं को तो, मेरी प्यारी रानी!"

दोनों ने देखा, आकाश के नक्षत्र रमला झील में डुबकियाँ ले रहे थे, और खिलखिला रहे थे।

कितना समय बीत गया!

साजन की सब सोई वासनाएँ जाग उठीं—भूले हुए पाठ की तरह अच्छे गुरु के सामने स्मरण होने लगी थीं!

उसे अब शीत लगने लगा—रमला के कपड़ों की आवश्यकता वह स्वयं अनुभव करने लगा।

अकस्मात् एक दिन रमला ने कहा—"चलो, कहीं घूम आवें।"

साजन ने भी कह दिया—"चलो।"

वही गिरिपथ, जिसने बहुत दिनों से मनुष्य का पद-चिह्न भी नहीं देखा था—साजन और रमला के पैर चूमने लगा। दोनों उसे रौंदते चले गये।

रमला अपनी फटी साड़ी में लिपटी थी और साजन वल्कल बाँधे था। वे दरिद्र थे पर उनके मुख पर एक तेज था। वे जैसे प्राचीन देवकथाओं के कोई पात्र हों। संध्या हो गयी थी—गाँव का जमींदार क़ा प्रांगण अभी सूना न था। जमींदार भी बिलकुल युवक था। उसे इस जोड़े को देखकर कुतूहल हुआ। उसने वस्त्र और भोजन की व्यवस्था करके उन्हें टिकने की आज्ञा दे दी।

प्रातः आँखें खोल रहा था। किसान अपने खेतों में जाने की तैयारी में थे। रमला उठ बैठी थी, पास ही साजन पड़ा सो रहा था। कपड़ों की गरमी उसे सुख में लपेटे थी। उसे कभी यह आनंद न मिला था। कितने ही प्रभात रमला झील के तट उस नारी ने देखे। किन्तु यह गाँव का दृश्य उसके मन में संदेह, कुतूहल, आशा भर रहा था। युवक जमींदार अपने घोड़े पर चढ़ना ही चाहता था कि उसकी दृष्टि मलिन वस्त्र में से झाँकती हुई दो आँखों पर पड़ी। वह पास आ गया, पूछने लगा—"तुम लोगों को कोई कष्ट तो नहीं हुआ?"

"नहीं"—कहते हुए रमला ने अपने सिर का कपड़ा हटा दिया और युवक को आश्चर्य से देखने लगी। युवक घबराकर बोला—"कौन? रमला?"

"हाँ, मंजल!"

युवक की साँस भारी हो चली।

उसने कहा—"रमला, मुझे क्षमा करो, मैंने तुम्हें..."

"हाँ, धक्का देकर गिरा दिया था। तब भी मैं बच गई।"

युवक ने सोये हुए मनुष्य की ओर देखकर पूछा—"वह तुम्हारा कौन है?"

रमला ने रुकते हुए उत्तर दिया—"मेरा—कोई नहीं।"

"तब भी, यह कौन है?"

"रमला झील का जल-देवता।"

युवक एक बार झनझना गया।

उसने पूछा—"तुम क्या फिर चली जाओगी, रमला?"—उसके कंठ में बड़ी कोमलता थी।

"तुम जैसा कहो।"—रमला जैसे बेबसी से बोली।

युवक—"अच्छा, जाओ पहले नहा-धो लो"—कहता हुआ घोड़े पर चढ़कर चला गया। रमला सलज्ज उठी—गाँव की पोखरी की ओर चली।

उसके जाते ही साजन जैसे जाग पड़ा। एक बार अँगड़ाई ली और उठ खड़ा हुआ। जिस पथ से आया था, उससे लौटने लगा।

गोधूलि थी और वही उदास रमला झील! साजन थका हुआ बैठा था। आज उसके मन में, न जाने कहाँ का स्नेह उमड़ा था। प्रशांत रमला में एक चमकीला फूल हिलने लगा; साजन ने आँख उठाकर देखा—पहाड़ी की चोटी पर एक तारिका रमला के उदास भाल पर सौभाग्यचिह्न-सी चमक उठी। देखते-देखते रमला का वक्ष नक्षत्रों के हार से सुशोभित हो उठा।

साजन ने उल्लास से पुकारा—"रानी!"

•

बिसाती

उद्यान की शैल-माला के नीचे एक हरा-भरा छोटा-सा गाँव है। वसंत का सुंदर समीर उसे आलिंगन करके फूलों के सौरभ से उसके झोंपड़ों को भर देता है। तलहटी के हिम-शीतल झरने उसको अपने बाहुपाश में जकड़े हुए हैं। उस रमणीय प्रदेश में एक स्निग्ध-संगीत निरंतर चला करता है, जिसके भीतर बुलबुलों का कलनाद, कंप और लहर उत्पन्न करता है।

दाड़िम के लाल फूलों की रंगीली छाया संध्या की अरुण किरणों से चमकीली हो रही थी। शीरीं उसी के नीचे शिलाखंड पर बैठी हुई सामने गुलाबों की झुरमुट देख रही थी, जिसमें बहुत-से बुलबुल चहचहा रहे थे, वे समीरण के साथ छूल-छुलैया खेलते हुए आकाश को अपने कलरव से गुंजित कर रहे थे।

शीरीं ने सहसा अपना अवगुंठन उलट दिया। प्रकृति प्रसन्न हो हँस पड़ी। गुलाबों के दल में शीरीं का मुख राजा के समान सुशोभित था। मकरंद मुँह में भरे दो नील-भ्रमर उस गुलाब से उड़ने में असमर्थ थे, भौंरों के पद पर निस्पंद थे। कँटीली झाड़ियों की परवा न करते हुए बुलबुलों का उसमें घुसना और उड़ भागना शीरीं तन्मय होकर देख रही थी।

उसकी सखी जुलेखा के आने से उसकी एकांत भावना भंग हो गई। अपना अवगुंठन उलटते हुए जुलेखा ने कहा—“शीरीं! वह तुम्हारे हाथों पर आकर बैठ जाने वाला बुलबुल, आजकल नहीं दिखलाई देता?”

आह खींचकर शीरीं ने कहा—“कड़े शीत में अपने दल के साथ मैदान की ओर निकल गया। वसंत तो आ गया पर वह नहीं लौट आया।”

“सुना है कि ये सब हिंदुस्तान में बहुत दूर तक चले जाते हैं। क्या यह सच है, शीरीं?”

"हाँ प्यारी! उन्हें स्वाधीन विचरना अच्छा लगता है। इनकी जाति बड़ी स्वतंत्रताप्रिय है।"

"तूने अपनी घुँघराली अलकों के पाश में उसे क्यों न बाँध लिया?"

"मेरे पाश उस पक्षी के लिए ढीले पड़ जाते थे।"

"अच्छा लौट आवेगा–चिंता न कर। मैं घर जाती हूँ।" शीरीं ने सिर हिला दिया।

जुलेखा चली गई।

जब पहाड़ी आकाश में संध्या अपने रंगीले पट फैला देती, जब विहंग केवल कलरव करते पंक्ति बाँधकर उड़ते हुए गुंजान झाड़ियों की ओर लौटते और अनिल में उनके कोमल परों से लहर उठती, जब समीर अपनी झोंकेदार तरंगों में बार-बार अंधकार को खींच लाता, जब गुलाब अधिकाधिक सौरभ लुटाकर हरी चादर में मुँह छिपा लेना चाहते थे; तब शीरीं की आशा-भरी दृष्टि कालिमा से अभिभूत होकर पलकों में छिपने लगी। वह जागते हुए भी एक स्वप्न की कल्पना करने लगी।

हिंदुस्तान के समृद्धिशाली नगर की गली में एक युवक पीठ पर गट्ठर लादे घूम रहा है। परिश्रम और अनाहार से उसका मुख विवर्ण है। थककर वह किसी के द्वार पर बैठ गया है। कुछ बेचकर उस दिन की जीविका प्राप्त करने की उत्कंठा उसकी दयनीय बातों से टपक रही है। परंतु वह गृहस्थ कहता है–"तुम्हें उधार देना हो तो दो, नहीं तो अपनी गठरी उठाओ। समझे आगा?"

युवक कहता है–"मुझे उधार देने की सामर्थ्य नहीं।"

"तो मुझे भी कुछ नहीं चाहिए।"

शीरीं अपनी इस कल्पना से चौंक उठी। काफिले के साथ अपनी संपत्ति लादकर खैबर के गिरि-संकट को वह अपनी भावना से पदाक्रांत करने लगी।

उसकी इच्छा हुई कि हिंदुस्तान के प्रत्येक गृहस्थ के पास हम इतना धन रख दें कि वे अनावश्यक होने पर भी उस युवक की सब वस्तुओं का मूल्य देकर उसका बोझ उतार दें। परंतु सरला शीरीं निस्सहाय थी। उसके पिता एक क्रूर पहाड़ी सरदार थे। उसने अपना सिर झुका लिया। कुछ सोचने लगी।

संध्या का अधिकार हो गया। कलरव बंद हुआ। शीरीं की साँसों के समान समीर की गति अवरुद्ध हो उठी। उसकी पीठ शिला से टिक गई।

दासी ने आकर उसको प्रकृतिस्थ किया। उसने कहा—"बेगम बुला रही हैं। चलिए, मेंहदी आ गई है।"

महीनों हो गये। शीरीं का ब्याह एक धनी सरदार से हो गया। झरने के किनारे शीरीं के बाग में शवरी खींची है। पवन अपने एक-एक थपेड़े में सैकड़ों फूलों को रुला देता है। मधु-धारा बहने लगती है। बुलबुल उसकी निर्दयता पर क्रन्दन करने लगता है। शीरीं सब सहन करती रही। सरदार का मुख उत्साहपूर्ण था। सब होने पर भी वह एक सुंदर प्रभात था।

एक दुर्बल और लंबा युवक पीठ पर गट्ठर लादे सामने आकर बैठ गया। शीरीं ने उसे देखा पर वह किसी ओर देखता नहीं। अपना सामान खोलकर सजाने लगा।

सरदार अपनी प्रेयसी को उपहार देने के लिए काँच की प्याली और काश्मीरी सामान छाँटने लगा।

शीरीं चुपचाप थी, उसके हृदय-कानन में कलरवों का क्रन्दन हो रहा था। सरदार ने दाम पूछा। युवक ने कहा—"मैं उपहार देता हूँ। बेचता नहीं। ये विलायती और काश्मीरी सामान मैंने चुनकर लिए हैं। इनमें मूल्य ही नहीं, हृदय भी लगा है। ये दाम पर नहीं बिकते।"

सरदार ने तीक्ष्ण स्वर में कहा—"तब मुझे न चाहिए। ले जाओ—उठाओ।"

"अच्छा, उठा ले जाऊँगा। मैं थका हुआ आ रहा हूँ, मुझे थोड़ा अवसर दीजिए, मैं हाथ-मुँह धो लूँ।" कहकर युवक भरभराई हुई आँखों को छिपाते, उठ गया।

सरदार ने समझा, झरने की ओर गया होगा। विलंब हुआ पर वह न आया। गहरी चोट और निर्मम व्यथा को सहन करते कलेजा हाथ से पकड़े हुए, शीरीं गुलाब की झाड़ियों की ओर देखने लगी। परंतु उसकी आँसू-भरी आँखों को कुछ न सूझता थ। सरदार ने प्रेम से उसकी पीठ पर हाथ रखकर पूछा—"क्या देख रही हो?"

"एक मेरा पालतू बुलबुल शीत में हिंदुस्तान की ओर चला गया था। वह लौटकर आज सवेरे दिखलाई पड़ा, पर जब वह पास आ गया और मैंने उसे पकड़ना चाहा, तो वह उधर कोहकाफ की ओर भाग गया!" —शीरीं के स्वर में

कंपन था, फिर भी वे शब्द बहुत सँभलकर निकले थे। सरदार ने हँसकर कहा–"फूल को बुलबुल की खोज? आश्चर्य है!"

बिसाती अपना सामान छोड़ गया। फिर लौटकर नहीं आया। शीरीं ने बोझ तो उतार लिया, पर दाम नहीं दिया।

•